첼로 어드벤쳐

Lesson Book 1

by Janet Coles **초급용**

《어드벤쳐 시리즈》 첼로 교재는 바이올린, 비올라 교재와
함께 사용할 수 있습니다.
이중주곡, 돌림 노래 등 본 교재 수록곡으로
앙상블을 지도할 수 있습니다.

첼로에만 해당되는 부분은 별표와 함께
'첼로 스페셜'이라고 표시되어 있습니다. 

music tree

Foreword

세계적인 스테디셀러 《A New Tune a Day》의 한국어판 《어드벤쳐 시리즈》 전권을 출간하게 된 것을 기쁘게 생각합니다.

최고의 전문가들이 참여하여 '가장 쉽게 시작하면서도, 정확하게 배울 수 있는 교수법'을 다년간 연구하였습니다. 이 교수법을 바탕으로 바이올린, 플루트, 기타 등 15개의 악기, 총 28권의 교재가 개발되었으며, 음대 교수님들과 오케스트라 음악감독 등 권위자의 감수를 통해 우수성을 검증받았습니다.

본 시리즈는 악기를 중간에 포기하는 일이 없도록 누구나 좋아하는 노래, 클래식, 재즈, 크리스마스 캐롤 등 친근한 레퍼토리를 통해 테크닉과 음악성을 동시에 길러주며, 세심하게 구성된 진도와 CD가 실력을 빠르게 쌓을 수 있도록 이끌어줄 것입니다. 각 악기별로 공통된 연주곡도 담겨있어 학교 앙상블 수업이나 동호회 연주회에도 효과적입니다. 바이올린 교재는 첼로, 비올라 교재와, 클라리넷은 색소폰과, 일렉 기타는 베이스 기타, 드럼 교재와 함께 사용할 수 있습니다.

《어드벤쳐 시리즈》로 평생 즐길 수 있는 나만의 악기를 찾고, 음악을 통해 새롭게 펼쳐질 풍요로운 삶을 누리시기 바랍니다.

한국어판 감수를 도와주신 서울대학교 최경환, 김재윤 교수님, 한국예술종합학교 오광호, 이강호, 이성우, 이성주, 이철웅 교수님을 비롯하여 원무연, 이하재, 조장휘, 진우경 교수님께 감사 드립니다.

🎼 《어드벤쳐 시리즈》만의 장점

- 교수법을 바탕으로 한 체계적인 진도
- 기초 음악이론과 클리닉을 위한 중간 테스트
- 관련 장비, 자세, 테크닉에 대한 친절한 설명
- 누구나 쉽게 배우는 운지법 차트

- 클래식, 재즈, 팝송 등 연주효과 탁월한 레퍼토리
- 각 레슨마다 학습목표 제시
- 자세와 운지법을 익힐 수 있는 사진과 그림
- 시범연주와 반주가 수록된 CD로 탁월한 연습효과

🎼 어드벤쳐 시리즈 구성

	악기 종류별 레슨 교재		병행 교재			악기 종류별 레슨 교재		병행 교재
관악기	플루트 어드벤쳐 레슨 1, 2	연주곡집	스케일 & 아르페지오 교재	현악기		바이올린 어드벤쳐 레슨 1	연주곡집	스케일 & 아르페지오 교재
	클라리넷 어드벤쳐 레슨 1, 2	연주곡집				첼로 어드벤쳐 레슨 1	연주곡집	
	트럼펫 어드벤쳐 레슨 1	연주곡집				비올라 어드벤쳐 레슨 1	연주곡집	
	트롬본 어드벤쳐 레슨 1	연주곡집		기타		클래식 기타 어드벤쳐 레슨 1	연주곡집	
	알토 색소폰 어드벤쳐 레슨 1, 2	연주곡집				어쿠스틱 기타 어드벤쳐 레슨 1	연주곡집	
	테너 색소폰 어드벤쳐 레슨 1	연주곡집				일렉 기타 어드벤쳐 레슨 1	연주곡집	
타악기	드럼 어드벤쳐 레슨 1	연주곡집				베이스 기타 어드벤쳐 레슨 1	연주곡집	
건반악기	피아노 어드벤쳐 레슨 1	연주곡집						

《병행교재》

- **연주곡집:** 레슨 교재 1권 중반부터 병행교재로 함께 배우거나 독주, 앙상블 레퍼토리로 활용하면 좋습니다.

- **스케일&아르페지오 교재:** 모든 악기에 사용할 수 있는 스케일&아르페지오 교재에는 전통 클래식 음악에 사용되는 장음계와 단음계 외에도 록과 재즈 연주에 도움이 되는 블루스, 펜타토닉, 디미니쉬 스케일 등이 수록되어 있어 탄탄한 테크닉을 길러줍니다.

Contents

A New Tune *A* Day

This book © Copyright 2005 & 2006 Boston Music Company,
a division of Music Sales Limited
Revised 2006

Unauthorised reproduction of any part of this publication
by any means including photocopying is an infringement of copyright.

Edited by David Harrison
Music processed by Paul Ewers Music Design
Original compositions and arrangements by Sarah Pope and Janet Coles
Cover and book designed by Chloë Alexander
Photography by Matthew Ward
Model: Sophie Jenkins
Backing tracks by Guy Dagul
CD performance by Ben Davies
CD recorded, mixed and mastered by Jonas Persson and John Rose
www.musicsales.com

이책의 한국어판 저작권은 Music Sales Limited와의
독점 계약으로 **music** tree 에 있습니다.

저작권법에 의해 한국 내에서 보호받는 저작물이므로 무단 전재와 복제 또는
연주 녹음을 금합니다.

음악의 첫걸음

보표

줄이 다섯 개라서 오선보라고도 합니다.
음표는 5개의 선 위에 그립니다. 모든 보표에는 악기의 음역을 나타내는 음자리표가 있습니다.

높은음자리표: 주로 선율 악기에 사용

보표에는 마디를 나누는 세로줄이 있습니다.
각 마디의 길이는 동일합니다.

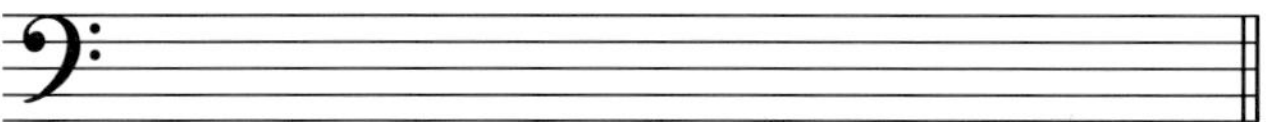

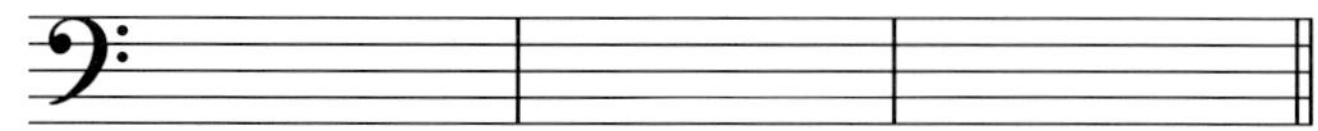

음표와 쉼표의 길이

음표의 길이는 다양한 모양으로 나타냅니다. 음표와 길이가 같은 쉼표도 있습니다.
음표와 쉼표의 이름은 온음표를 몇 개로 나눌 수 있는지를 의미합니다.
온음표를 4로 나누면 4분음표, 8로 나누면 8분음표라고 합니다.

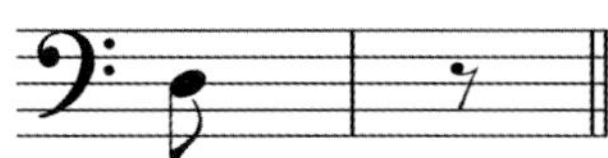

8분음표(반 박) = 8분쉼표(반 박)

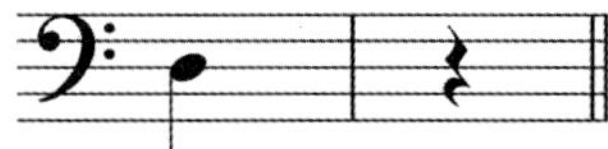

4분음표(1박) = 4분쉼표(1박)

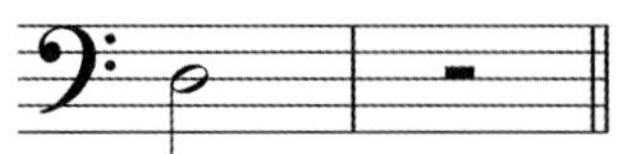

2분음표(2박) = 2분쉼표(2박)

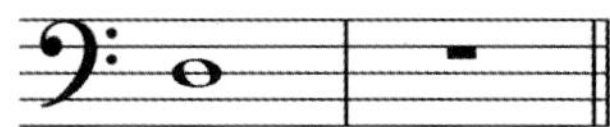

온음표(4박) = 온쉼표(4박)

그 외의 음길이

음표 오른쪽에 점을 찍으면 원래 길이의 절반만큼 음표의 길이가 길어집니다.
예를 들어 점2분음표 하나의 길이는 2분음표와 4분음표를 더한 길이와 같습니다.

8분음표 묶기

둘 이상의 8분음표가 연달아 나올 경우 꼬리를
이렇게 연결할 수 있습니다.

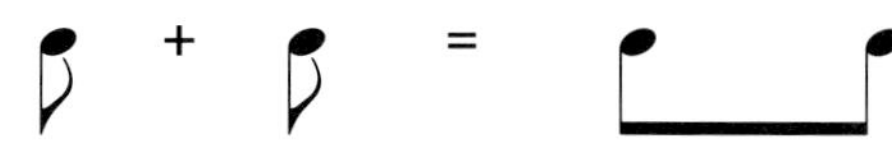

박자표

박자표는 음자리표 옆에 그립니다. 위의 숫자는 한 마디 안에 몇 개의 박이 들어가는지 알려주고, 아래의 숫자는 기준이 되는 음표를 나타냅니다.

c(커먼타임): $\frac{4}{4}$를 나타내는 또 다른 기호입니다.　　　$\frac{6}{8}$은 한 마디 안에 8분음표 6개

$\frac{4}{4}$는 한 마디 안에 4분음표 4개　　　　　　$\frac{3}{4}$은 한 마디 안에 4분음표 3개

음이름

음이름은 알파벳의 첫 일곱 글자에서 가져온 것입니다. 음은 음높이에 따라 보표의 줄이나 칸 위에 그립니다.

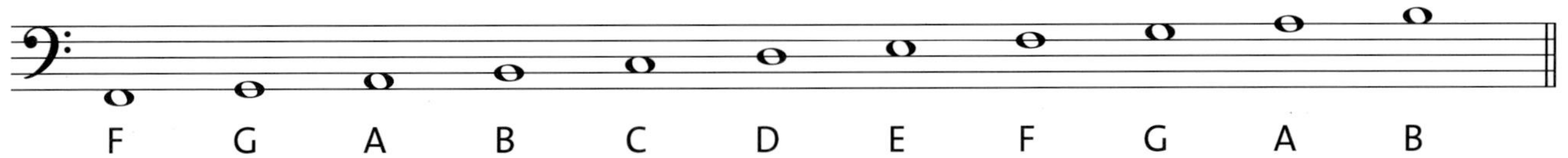

임시표

샵(올림표)이나 플랫(내림표) 같은 임시표 기호를 사용하면 음높이를 반음 내리거나 올릴 수 있습니다.

샵(♯)은 음높이를 반음 올립니다.　　　　　제자리표(♮, natural)는 원래의 음높이로 돌아가라는 기호입니다.

플랫(♭)은 반음 낮춥니다.

덧줄

보표 밖의 음은 덧줄을 그려 표시합니다.

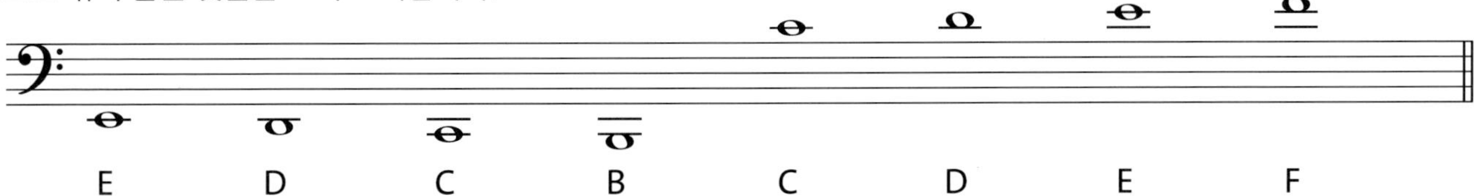

세로줄

여러 가지 종류의 세로줄 :
겹세로줄은 음악의 한 부분이 끝났다는 표시입니다.　　　　　　끝세로줄은 한 곡이 끝났다는 의미입니다.

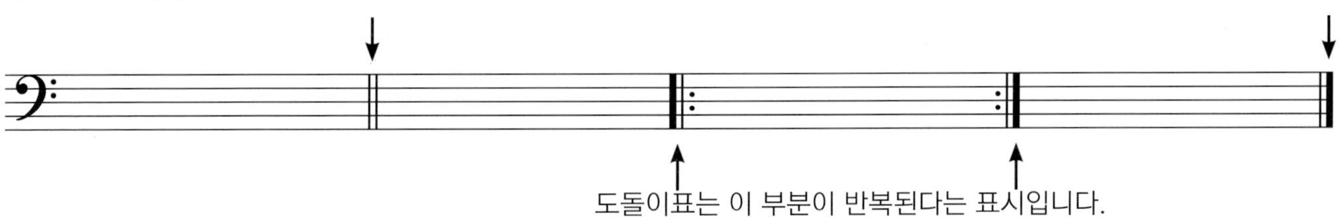

도돌이표는 이 부분이 반복된다는 표시입니다.

연주에 앞서

액세서리

다음 물건들이 있는지 확인하세요.

- **송진**
  송진은 연주 전에 활털에 바릅니다. 활털을 끈끈하게 만들어
  현에 잘 밀착되도록 해줍니다.

- **융** (악기 닦는 천)
  연주 후 송진 가루를 닦을 때 씁니다.

- **여분의 현**
  세트 또는 낱개로 구매 가능하며 현의 종류는 알파벳이나 숫자로
  구분합니다.
  A현 = I   D현 = II   G현 = III   C현 = IV

- **엔드 핀 스토퍼 (T자)**
  바닥을 보호해주며 엔드 핀이 바닥에 고정되지 않고 미끄러지는
  것을 방지합니다.
  의자 다리에 끼울 수 있는 것이 좋습니다.

- **보면대**
  눈높이에 맞도록 조절하세요. 보면대가 눈높이에 맞아야
  연주를 할 때 좋은 자세를 유지할 수 있습니다.

- **조율 도구**
  첼로는 조율을 자주 해야 하는 악기입니다. 피아노나 전자튜너,
  부록 CD의 튜닝 트랙, 소리굽쇠를 사용하세요. 자세한 조율
  방법은 다음 페이지에 있습니다.

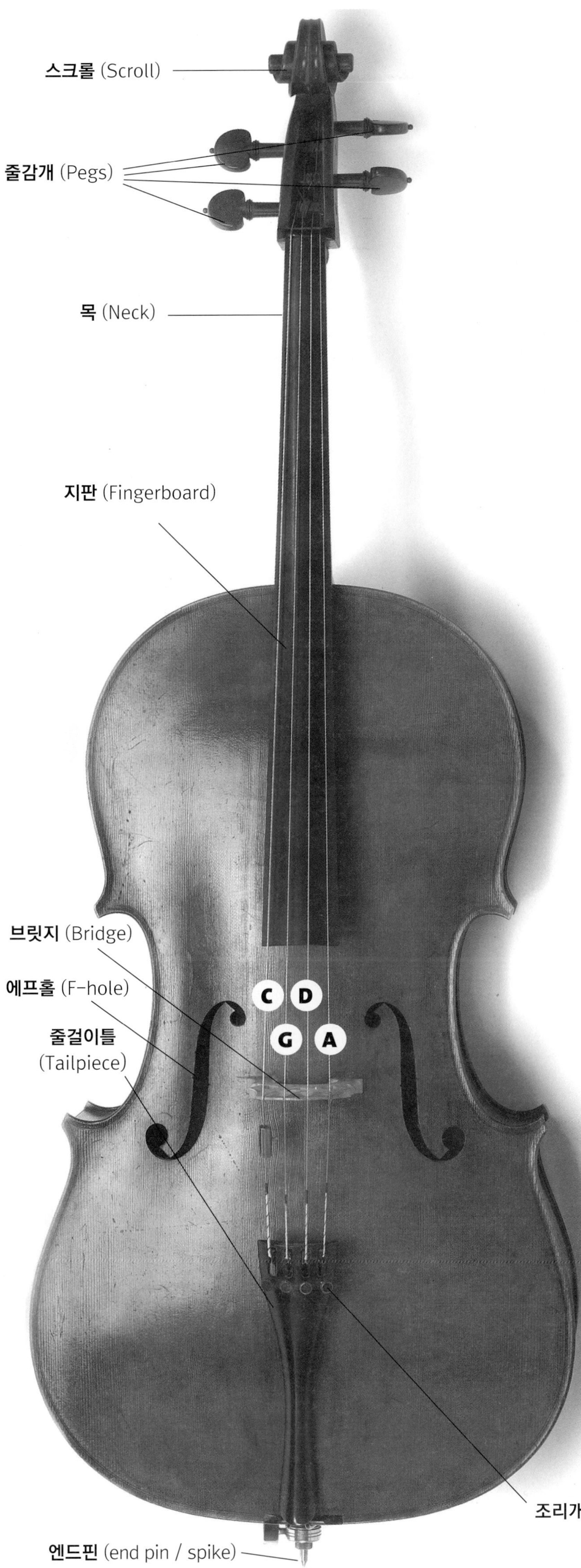

조율하기

줄감개와 조리개

레슨을 받는 경우에는 줄감개와 조리개를 사용하여 조율하는 법을 선생님께 배우세요. 악기에 조리개가 없다면 부착하는 것이 좋습니다. 줄감개보다 사용하기 쉽기 때문입니다. 그러나 악기에 조리개가 없는 이유가 있을 지도 모르므로 그런 경우에는 선생님과 상의하거나 악기사에 문의하세요.

처음에는 줄감개를 다루기가 어렵기 때문에 연습이 필요합니다. 악기에 조리개가 있으면 음이 많이 안 맞을 경우에만 줄감개를 사용하세요.
줄감개로는 원래 음보다 높게 조율해서는 안 됩니다. 현이 끊어질 수 있기 때문입니다. 줄감개로 원래 음보다 약간 낮게 조율하고 미세한 음은 조리개로 맞추세요.

대부분의 연주자들은 A현부터 조율합니다.
오케스트라와 앙상블에서 일반적으로 A음을 기준으로 조율하기 때문입니다.

조율은 어떻게 하나

피아노로 A음을 길게 치거나 부록 CD의 튜닝 트랙으로 A음을 따라 부를 수 있을 때까지 들어보세요.

다음에는 A현을 퉁기거나 활로 그으면서 그 음을 따라 불러보세요. 그리고 피아노나 CD와 같은 소리가 나는지 들어보세요.

음이 낮으면 조리개를 시계 방향으로 돌려 현을 조이고 음이 높으면 조리개를 시계 반대 방향으로 돌리세요.

현을 새로 갈면 충분히 늘어날 때까지는 자주 풀어질 수 있습니다. 악기에 충격이 가면 조율이 풀릴 수 있으니 조심스럽게 들고 다니세요.

첼로와 활 관리하기

악기

첼로의 소재는 나무입니다(주로 단풍나무와 소나무).
따라서 너무 춥거나 건조하거나 습한 환경에 노출되면
현이 풀리거나 악기가 갈라질 수 있습니다.
악기를 항상 적당한 온도에 보관하세요.

악기를 적당한 온도에 보관하세요.
난방기 근처나 차 안에 악기를 보관하지 마세요.

케이스에서 첼로를 꺼낼 때는 항상 활을 먼저 꺼내고, 넣을 때는
활을 가장 나중에 넣으세요.

집에서는 첼로의 브릿지가 벽을 향하도록 하여 방의 한쪽 구석에
세워 보관합니다. 첼로를 바닥에 눕힐 때는 악기의 뒷면이 아닌
옆면이 바닥에 닿도록 하세요.

엔드 핀이 밖으로 나와 있지 않은지 항상 확인하세요.
악기는 케이스 안에 보관하는 것이 가장 좋습니다.

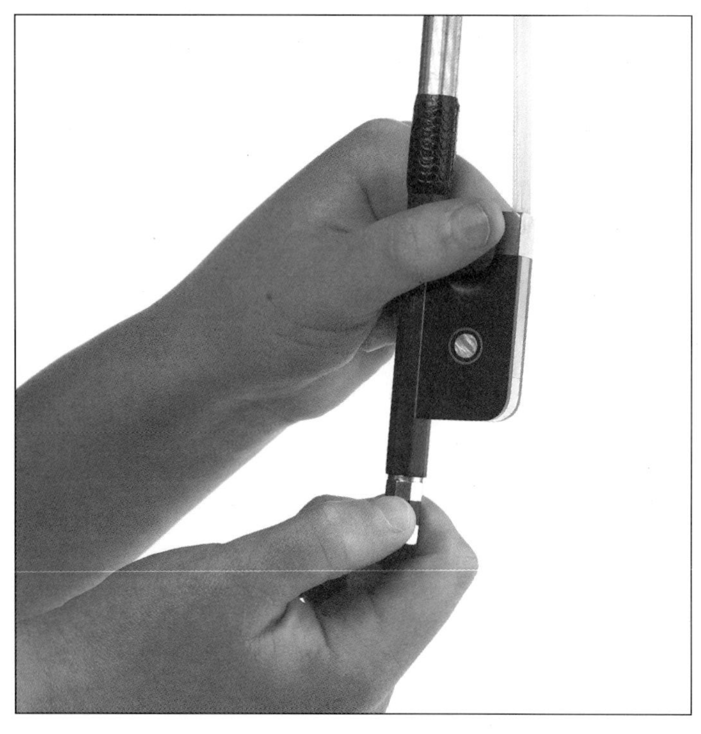

활

연주를 한 다음에는 활털을 느슨하게 풀어주어 활대의 모양과
유연성이 유지될 수 있도록 해주세요.

활털을 손으로 만지지 않도록 하세요. 활이 현에 밀착되지 않고
미끄러질 수 있습니다.

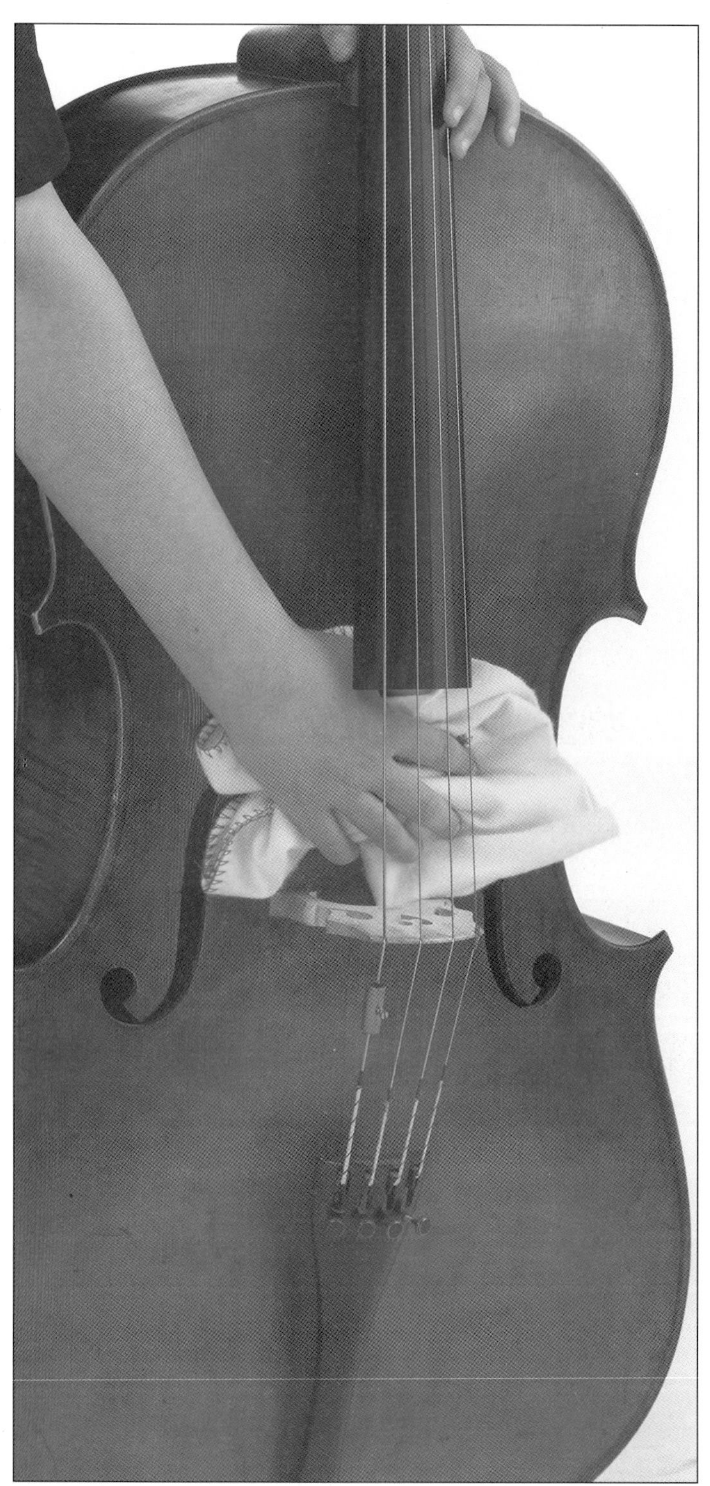

악기 닦기

광택제나 화학제품, 물 등을 사용하지 말고 천으로만 닦는 것이
좋습니다.

브릿지와 사운드포스트

브릿지와 사운드포스트 (soundpost) 는 고정되어 있는
것이 아니라 현의 장력으로 서있는 것입니다. 네 줄을 한 번에
풀어버리면 브릿지와 사운드포스트가 넘어질 수 있습니다.

자세

평평한 의자에 앉으세요. 앉을 때는 골반의 높이가 무릎과 같거나 무릎보다 약간 위에 있어야 합니다. 바닥에 발을 붙이고, 허리를 세우세요!

연주를 할 때는 좋은 자세를 유지하는 것이 매우 중요합니다.

첼로의 C현 줄감개가 귀와 같은 높이가 되게 엔드 핀의 길이를 조절하세요. 줄감개가 귀 뒤로 오도록 첼로를 가슴에 대세요.

마지막으로 첼로를 무릎 사이에 끼우면 아래 그림과 같은 자세가 됩니다.

왼손 자세

왼손을 알파벳 C 모양으로 둥글게 말고 손가락 사이는 벌립니다.

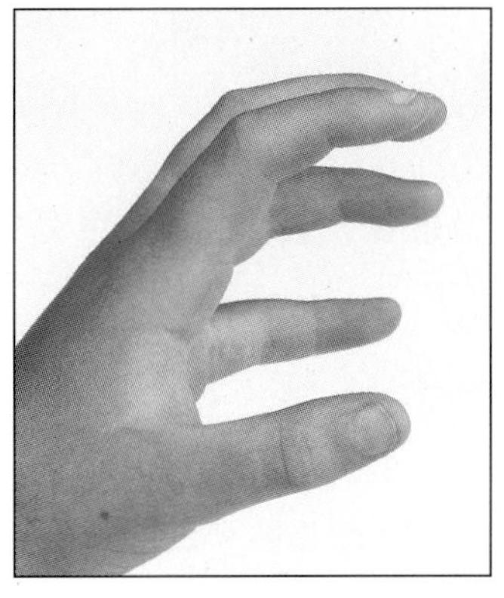
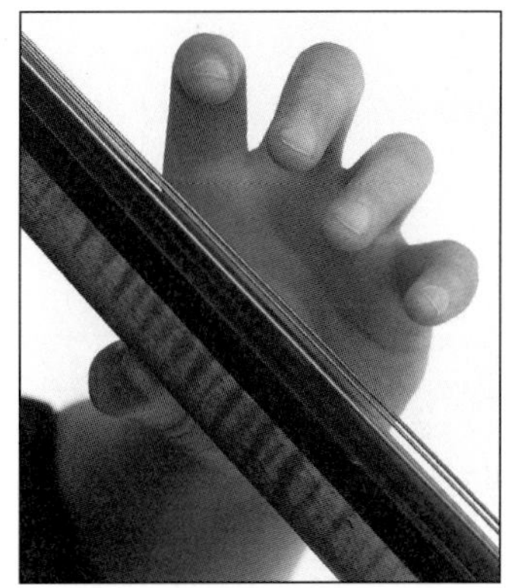

손가락을 둥글게 만 채로 엄지는 첼로의 넥 뒤에 살짝 대고, 검지는 지판 위쪽에 둡니다. 연주를 할 때는 손가락 끝으로 현을 누릅니다. 팔목이 꺾이지 않도록 팔꿈치를 위로 듭니다.

활 잡는 법

둥근 물체를 들고 있다고 상상하며 손가락을 둥글게 말아보세요.

그림과 같이 오른손 가운데 손가락 끝은 페룰에, 검지의 첫마디는 활대에, 새끼손가락은 활털이음틀 (프로그) 위에 둡니다. 엄지는 항상 둥근 모양을 유지하세요.

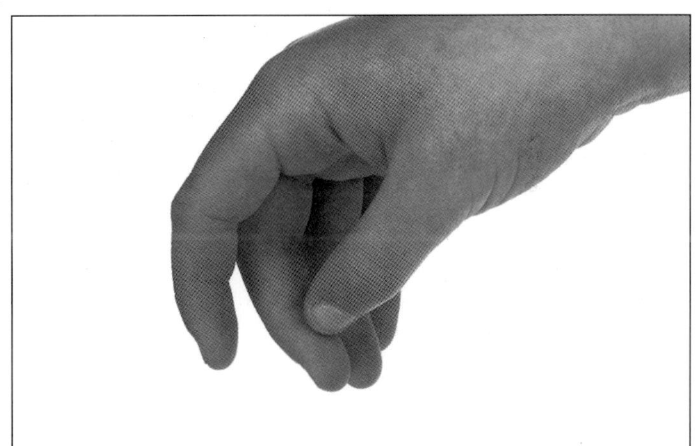

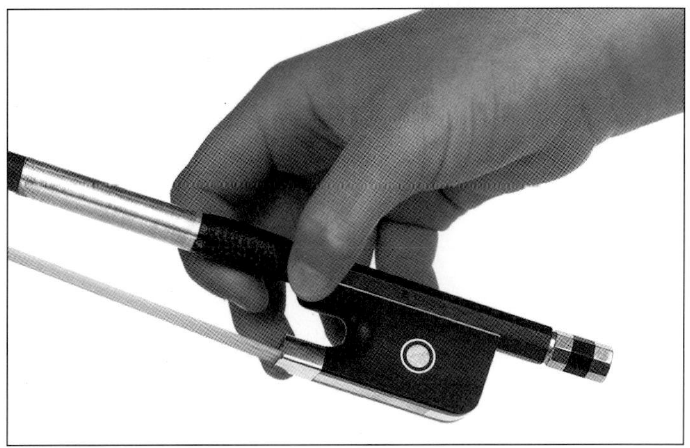

Lesson 1

goals:

1. 개방현
2. 2분음표와 4분음표

Part 1: 첼로 스페셜 – 첼로만을 위한 부분입니다.

개방현

개방현은 아무 손가락도 짚지 않은 상태의 현을 말합니다.
개방현을 연주할 때 나는 음을 개방음이라고 합니다.

피치카토 (Pizzicato)

현을 퉁기는 주법인 피치카토는 활을 사용하지 않고 연주하는
테크닉입니다.

오른손 엄지를 지판에 댄 채로 1번 손가락을 사용하여 손끝으로
현을 퉁겨보세요 (손톱으로 퉁기지 말 것).

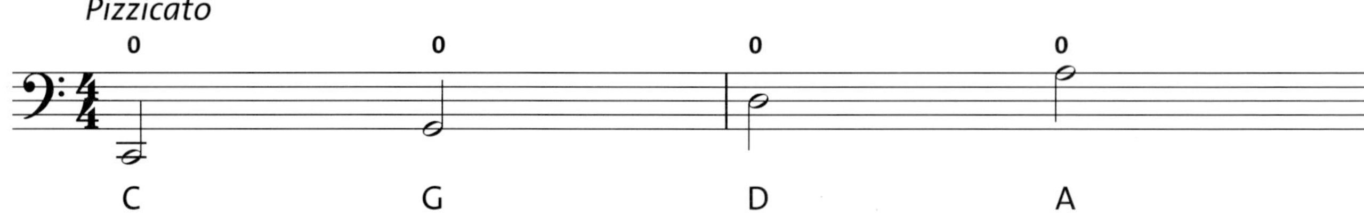

2분음표 (♩)는 2박입니다.   **4분음표 (♩)는 1박입니다.**

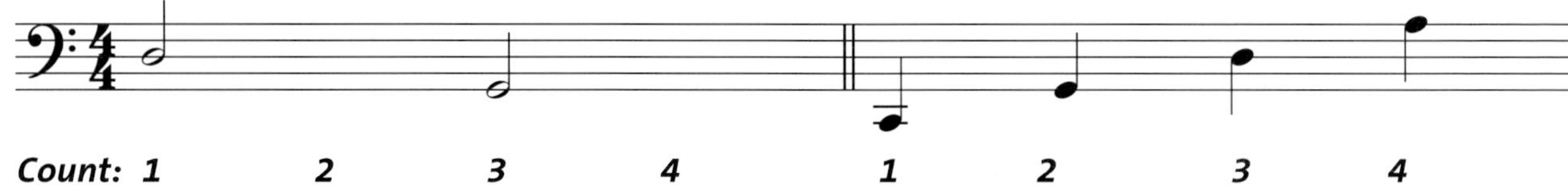

연주 전에 천천히 여러 번 1, 2, 3, 4로 예비박을 세고, 연주하는 동안 계속 세며 일정한 속도를 유지하세요.

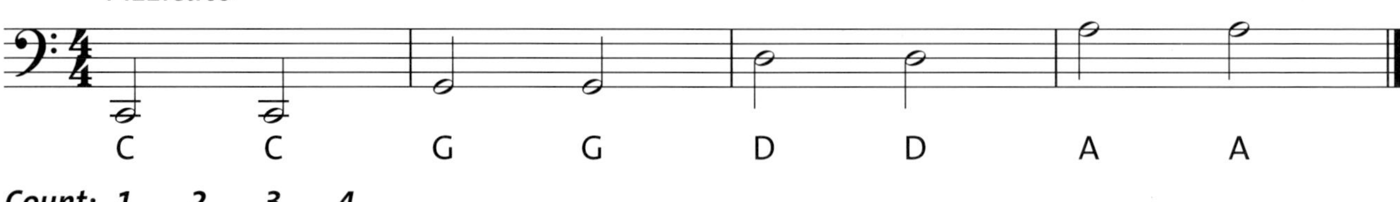

연습 1.

예쁘고 고르게 피치카토 할 수 있을 때까지 이 곡을 여러 번 연주하세요.

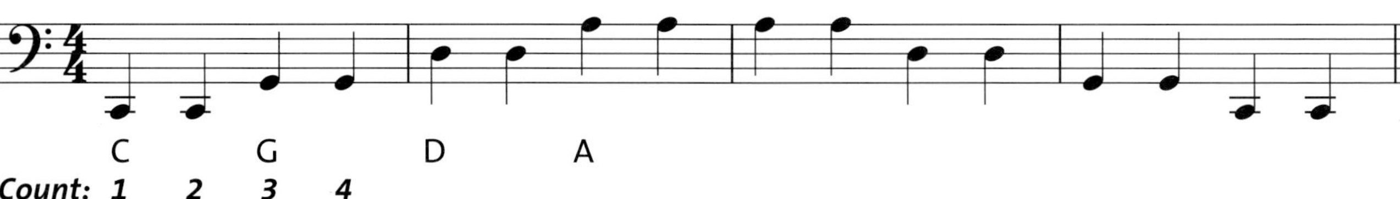

초견연습

음이름을 부르며 연주해 보세요

※ **Part 2: 바이올린과 함께 해도 좋습니다.**

Tambour on the D string (D현의 북소리)

1. 선생님과 함께 아랫단의 선율을 노래해 보세요.
2. 큰 소리로 박자를 세며 리듬에 맞춰 손뼉을 치세요.
3. 이제 선생님과 함께 연주해 보세요.

이 곡과 다음 곡은 같은
곡이지만 첫 곡은 D장조,
다음 곡은 A장조로 되어
있습니다. 그래서 첫 곡은
D음으로, 둘째 곡은
A음으로 끝납니다.

* Arco (아르코)는 활을 사용하여 연주하라는 뜻입니다.

Tambour on the A string (A현의 북소리)

레슨 1을 위한 연주곡

Tambour verse 2 on the D and A strings (A현과 D현의 북소리)

1. 선생님과 함께 아랫단의 선율을 노래해 보세요.
2. 큰 소리로 박자를 세며 리듬에 맞춰 손뼉을 치세요.
3. 선생님과 함께 연주해 보세요.

Hoe Down (호다운 춤곡)

1. 선생님과 함께 아랫단의 선율을 노래해 보세요.
2. 큰 소리로 박자를 세며 리듬에 맞춰 손뼉을 치세요.
3. 선생님과 함께 연주해 보세요.

온쉼표 ▬ 는 마디 전체를 쉰다는 뜻입니다.

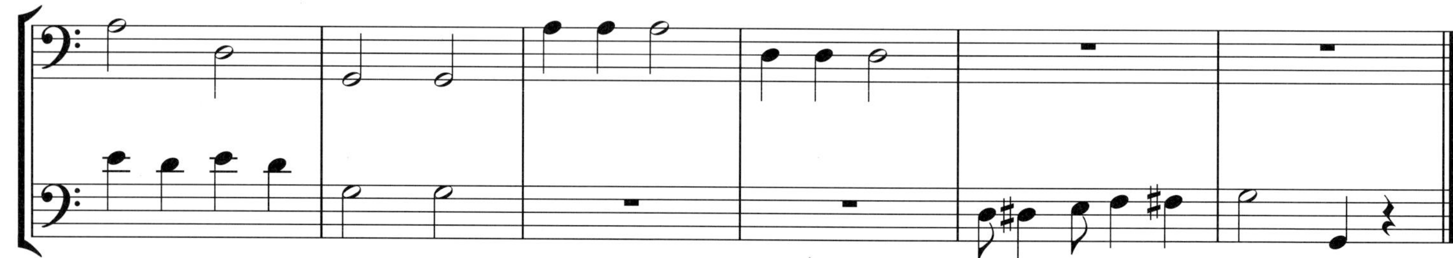

1. 내림활과 올림활
2. 빠른 활쓰기
3. 4분음표와 2분음표의 활쓰기

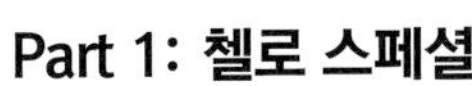

Part 1: 첼로 스페셜

활쓰기

⊓ '내림활'은 활을 오른쪽으로 당기라는 뜻입니다.

∨ '올림활'은 활을 왼쪽으로 밀라는 뜻입니다.

⊓ 와 ∨ 기호는 번갈아 나옵니다. 아무런 표시가 없더라도 계속해서 내림활과 올림활을 번갈아 사용하세요.

아래 연습곡들에는 활쓰기 기호인 ⊓ 와 ∨ 가 있습니다.
2분음표와 4분음표의 길이에 맞게 활이 남거나 모자라지 않도록 유의하며 연주하세요.

연습 1.

활의 방향을 빠르게 바꾸는 연습을 하세요. Arco (아르코)는 활을 사용하여 연주하라는 뜻입니다.

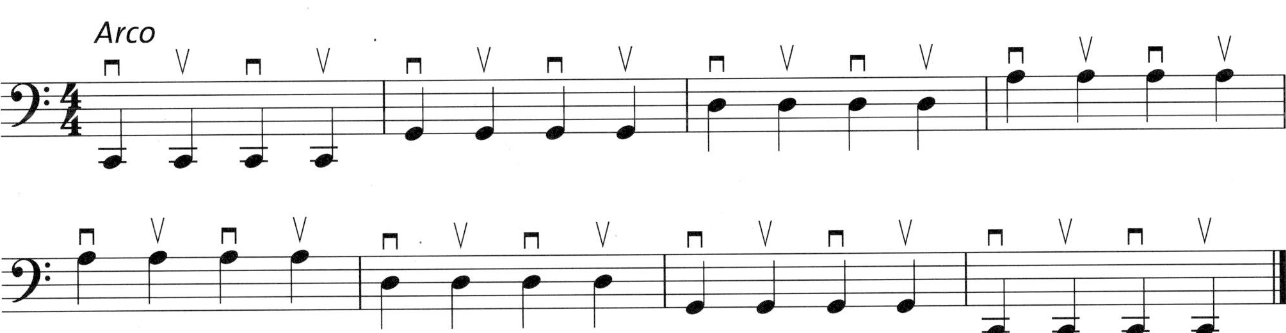

연습 2.

이번에는 리듬에 맞춰 긴 활과 짧은 활을 연습하세요.

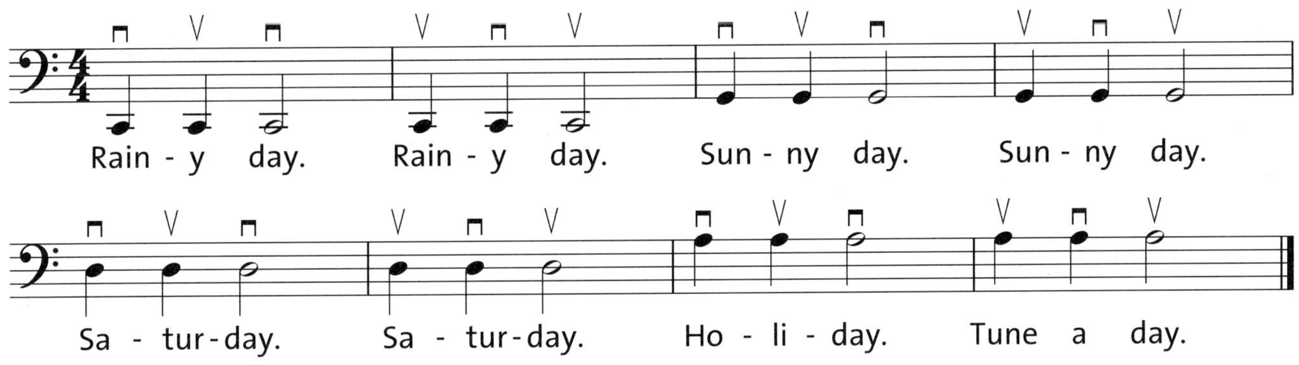

레슨 2를 위한 연주곡

Part 2: 바이올린과 함께 해도 좋습니다.

Tambour (북소리)

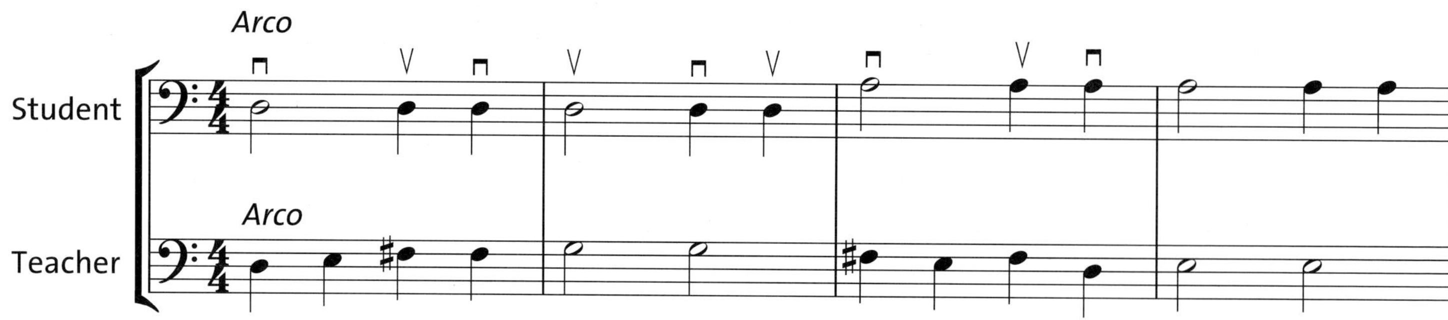

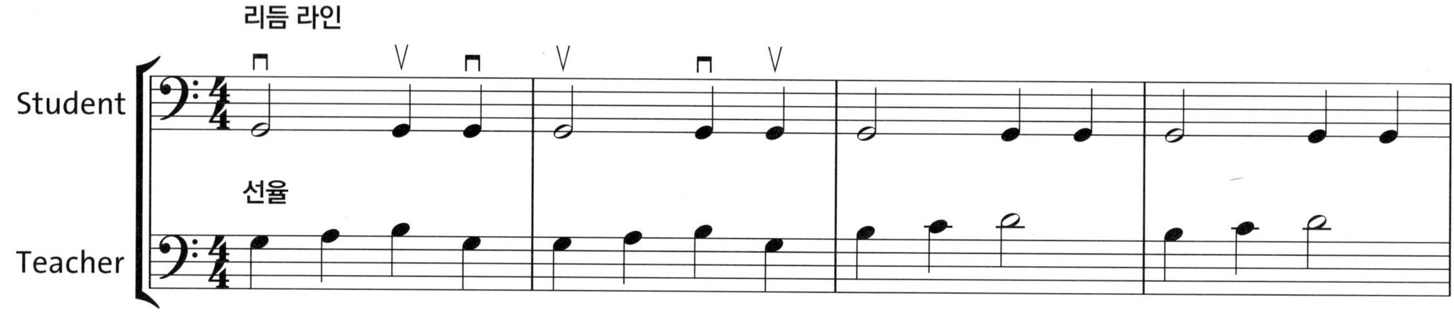

Frère Jacques (안녕)

1. 선율을 노래해보세요.
2. 선율을 노래 하면서 첼로로 리듬 라인을 연주할 수 있나요?

Au Clair de la Lune (달빛 아래에서)

활쓰기 표시가 없어도 내림활과 올림활을 번갈아 쓰세요.

Hoe Down (호다운 춤곡)

goals:

1. 손가락 패턴 1
2. 피치카토와 아르코

3. D현의 E, F♯, G음, A현의 B음
4. 샵

Tip

왼손의 손가락은 아래 그림과 같이 1~4의 번호로 부릅니다. 음표 바로 위에 있는 작은 숫자는 어느 손가락을 사용해야 하는지 알려주는 것입니다.

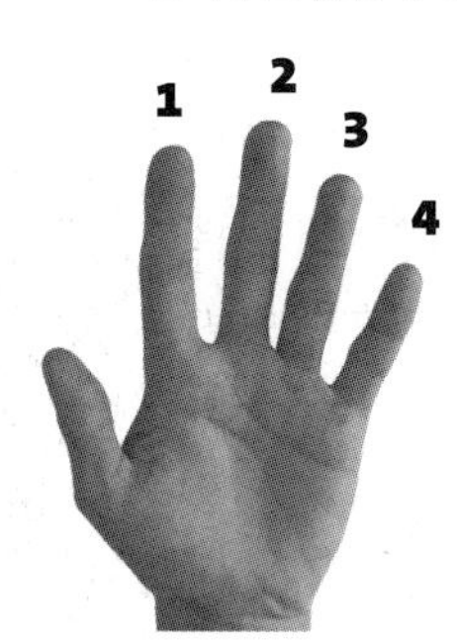

D현에서의 1번 손가락

0은 손가락을 짚지 않은 채로 연주하라는 뜻입니다 (개방현). 숫자 1은 1번 손가락을 사용하라는 뜻입니다. 먼저 노래로 불러본 뒤에 피치카토로 연주해 보세요.

A현에서의 1번 손가락

Hoe Down (호다운 춤곡)

처음에는 피치카토로, 그 다음에는 아르코로 연주하세요.

D현에서의 1, 3, 4번 손가락

《운지법 패턴표》를 참고하세요.

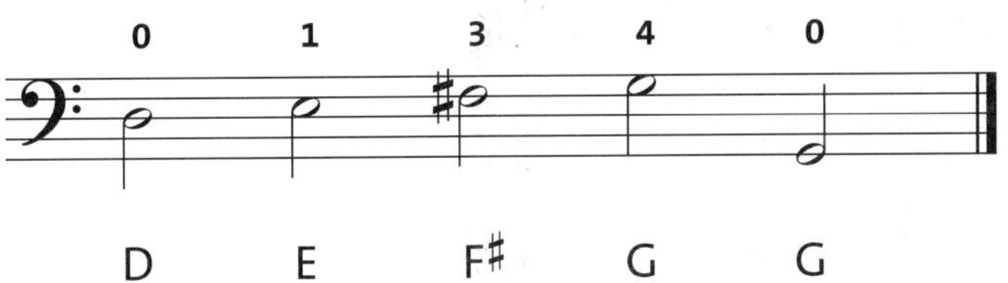

1번과 3번 손가락 사이보다
3번과 4번 손가락 사이가
더 가깝습니다.
손가락 위치에 대해서는 앞으로
더 자세히 배우게 될 것입니다.

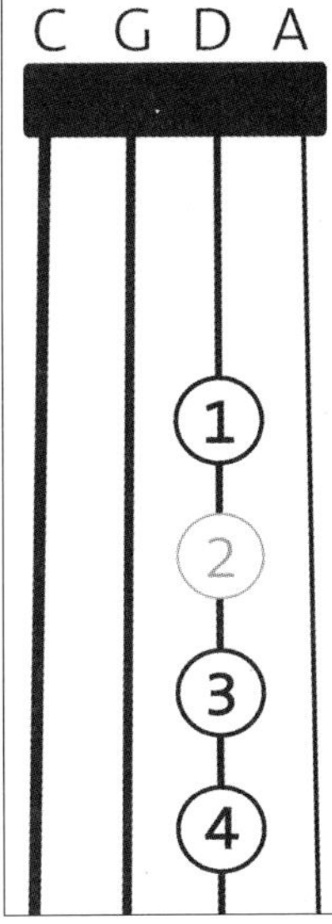

다음 손가락을 짚을 때에도 앞서 짚은 손가락들은 계속 누르고 있습니다.
3번 손가락으로 G음을 짚었을 때 G 개방현과 같은 소리가 나는지 들어보세요.

초견 연습

음이름을 부르며 연주해 보세요.

Tambour (verse 1) (북소리)

처음에는 피치카토로, 그 다음에는 아르코로 연주하세요.

Merrily We Roll Along (비행기)

처음에는 피치카토로, 그 다음에는 아르코로 연주하세요.

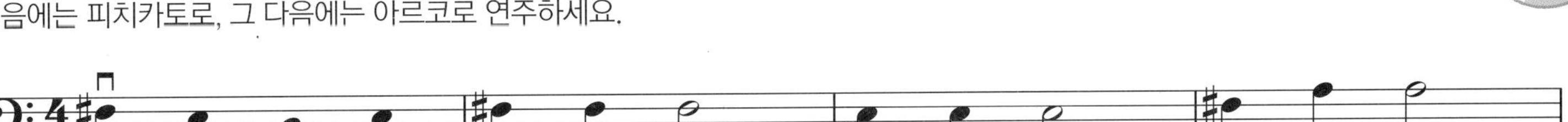

goals:

1. A현의 음들과 D장조 음계
2. 2분쉼표와 4분쉼표
3. 원위치 (Re-take)
4. 온음표
5. 박자표

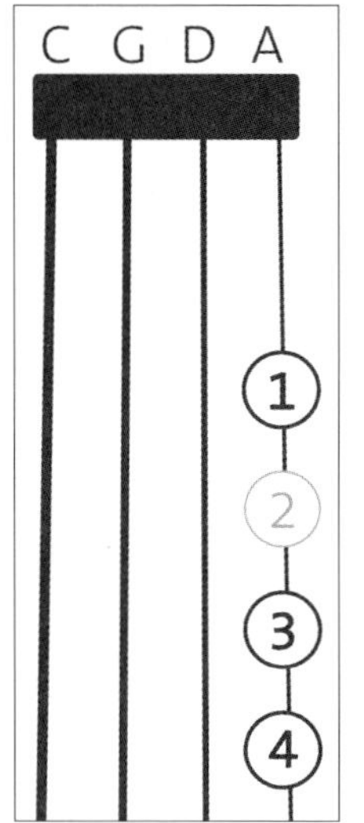

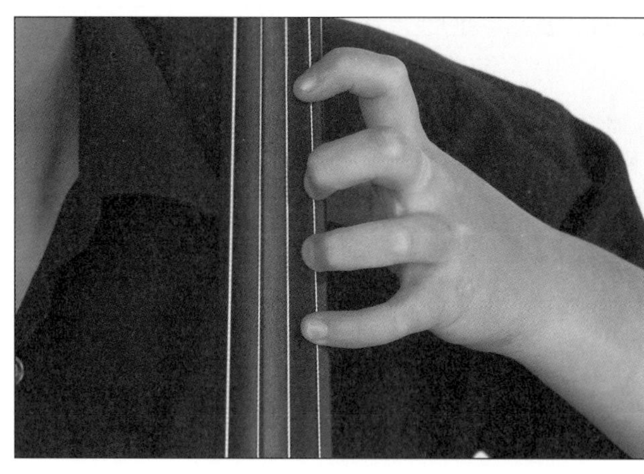

Tip

A현에서의 기본적인 손가락 위치는 D현과 같습니다.

A현의 음들

왼쪽 사진을 보세요. 멀리 떨어진 1번과 2번 손가락은 온음 간격이고 가까이 붙어있는 2번과 3번 손가락은 반음 간격입니다. 온음은 반음의 두 배 거리입니다.

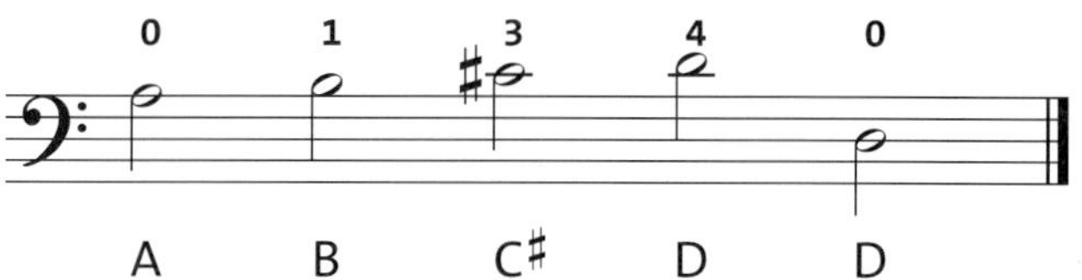

온음과 반음: 피아노에서 나란히 있는 두 건반의 간격이 반음입니다. 따라서 C와 C#, E와 F음 등이 반음 간격입니다. 반음이 모이면 온음이 됩니다. C와 D, E와 F#음이 온음입니다.

장음계 (Major scale)

장음계의 구성음들은 일정한 간격으로 나열되어 있습니다.
3음과 4음, 그리고 7음과 8음 사이는 반음이고, 나머지는 온음입니다.

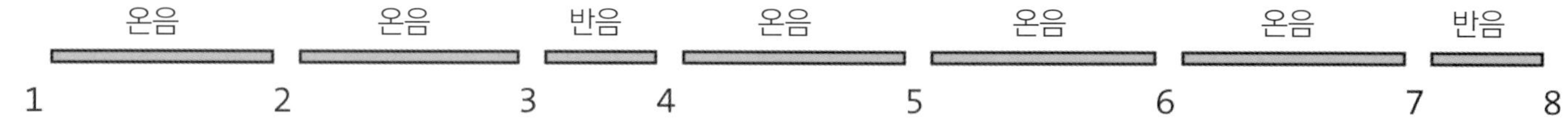

D장조 음계

A현의 D음이 D 개방현과 같은 소리를 내나요?

2분쉼표와 4분쉼표

쉼표는 소리를 내지 않는다는 의미입니다.

2분쉼표

4분쉼표

연습 1. 손의 모양

왼손 모양을 연습하는 곡입니다.

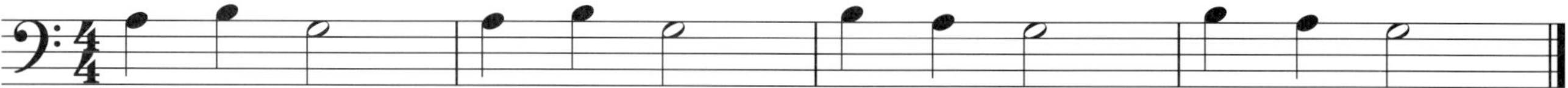

레슨 4를 위한 연주곡

Au Clair de la Lune (달빛 아래에서)

원위치 (Re-take)는 다시 한 번 같은 방향으로 활을 쓰기 위해 활을 재빨리 원위치로 옮겨 준비하라는 뜻입니다.

마지막 마디의 음표는 온음표입니다 (4분음표 네 개와 같은 길이).

Whose Cuckoo? (뻐꾸기)

이 곡은 돌림 노래입니다. 끝까지 연주한 뒤 처음으로 돌아가세요. 두 번째 연주자는 두 마디 뒤에 시작합니다.

London Bridge Is Falling Down (런던 다리)

4~5쪽의 《음악의 첫걸음》으로 돌아가서 박자표에 대한 설명을 읽어보세요. 이 곡은 한마디에 4박이 들어가는 박자표를 사용합니다. 처음에는 피치카토로, 그 다음에는 아르코로 연주하세요.

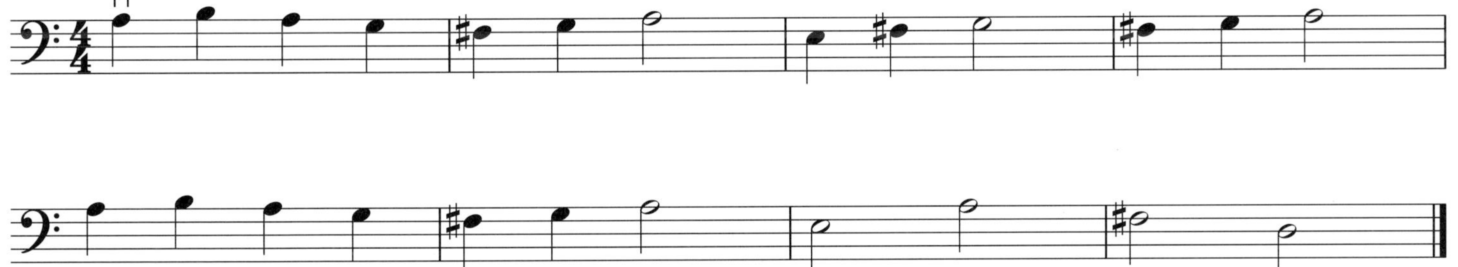

French Folk Song (프랑스 민요)

한 마디에 3박이 들어가는 곡입니다. 박자표에서 위에 있는 숫자는 한 마디에 몇 박이 들어가는지 알려줍니다.

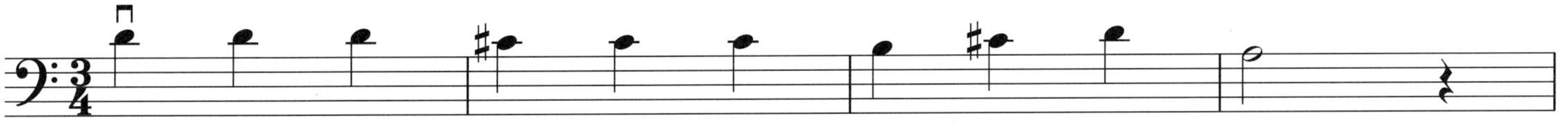
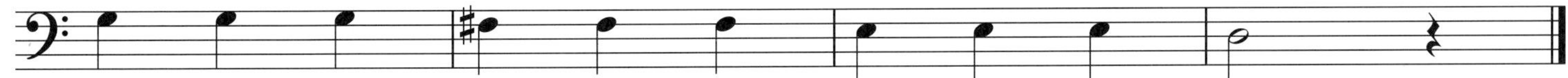

1. 8분음표
2. 조표

3. 도돌이표

이번 레슨에서는 4분음표의 절반 길이인 8분음표를 익힙니다.
8분음표는 꼬리가 달린 음표입니다. 낱개로 그릴 수도 있고, 꼬리를 연결해 그릴 수도 있습니다.

Tip

리듬 패턴을 확실하게
익히면 초견이 훨씬
쉬워집니다.

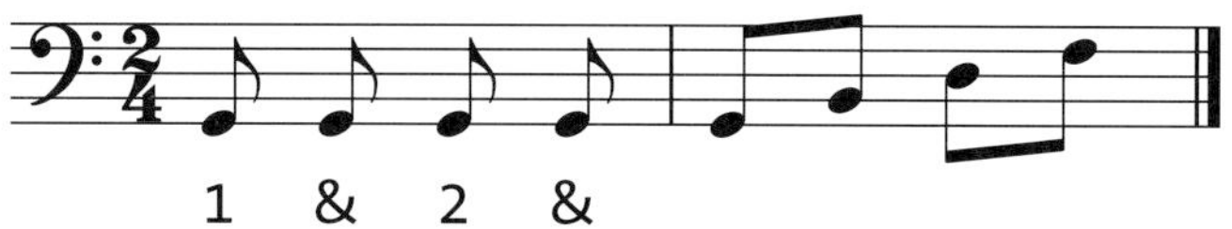

Pease Pudding Hot (완두콩 푸딩)

큰 소리로 박자를 세며 리듬에 맞춰 손뼉을 치세요. 연주하는 동안 계속 박자를 세며 일정한 속도를 유지하세요.

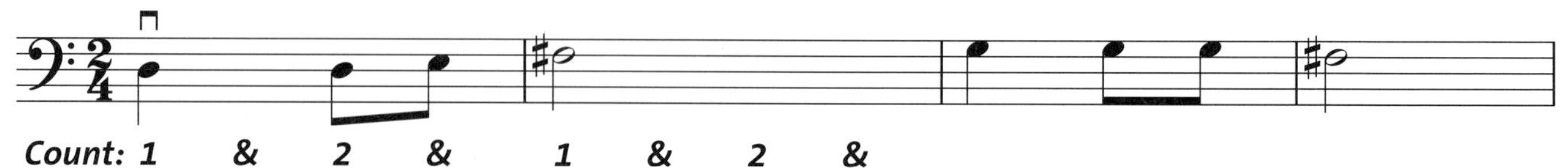

곡 끝에 점이 두 개 있는 세로줄은 도돌이표입니다.
도돌이표가 있는 곳까지 연주를 한 뒤 처음으로 돌아가서 한 번 더 연주하세요.

26-27

Lavender's Blue (푸른 라벤더)

조표

음자리표 옆의 샵(♯) 기호를 조표라고 부릅니다.

이 ♯이 F음에 있으면, 이 음악의 모든 F는 F♯음으로
연주해야 한다는 뜻입니다.

이번에는 F와 C음에 ♯이 있습니다. 모든 F는 F♯으로,
모든 C는 C♯음으로 연주합니다. 이것이 D장조입니다.

레슨 5를 위한 연주곡

Frère Jacques (안녕)

이 곡에는 D장조 조표가 붙어 있습니다.
돌림 노래로 연주해보세요. 두 번째 연주자는 두 마디 뒤에 시작합니다.

Go From My Window (그대여 떠나가오)

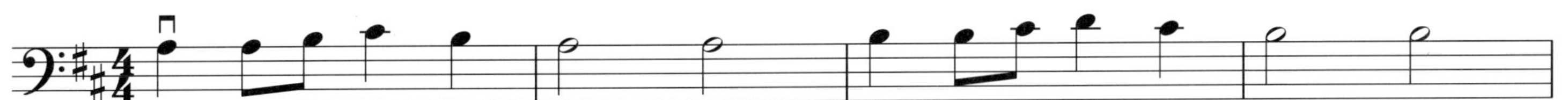

Kookaburra (쿠카부라 새)

이 곡은 돌림 노래입니다. 두 번째 연주자는 두 마디 뒤에 시작합니다.

응용곡

Ave Maria (아베 마리아)

이 곡은 세명이 연주하는 돌림 노래입니다. 두 번째 연주자는 두 마디 뒤에, 세 번째 연주자는 네 마디 뒤에 시작하세요.

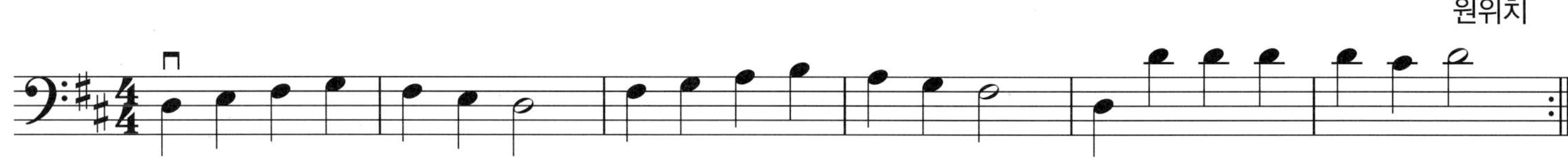

Old Oxford (올드 옥스퍼드)

Donkeys And Carrots (당나귀와 당근)

이 곡은 네명이 연주하는 돌림 노래입니다. 각자 앞 연주자보다 두 마디씩 늦게 시작하세요.

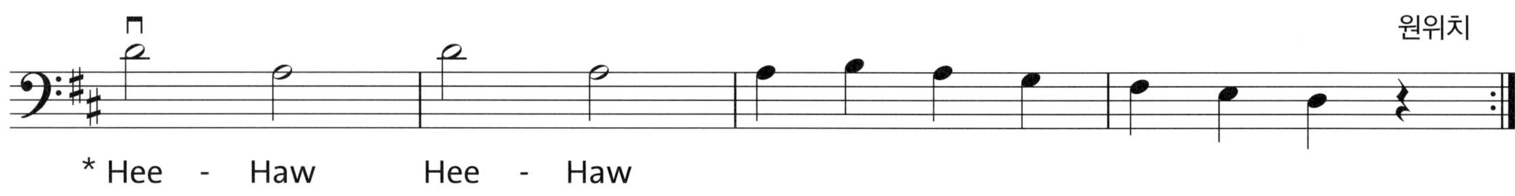

* Hee-Haw: 당나귀 소리

Autumn (가을) 《사계》에서

Vivaldi

test:

Lesson 1 ~ 5

---

1. 낱말 찾기

빈칸에 알맞은 음이름을 적어 영어 단어를 완성해 보세요.

(4)

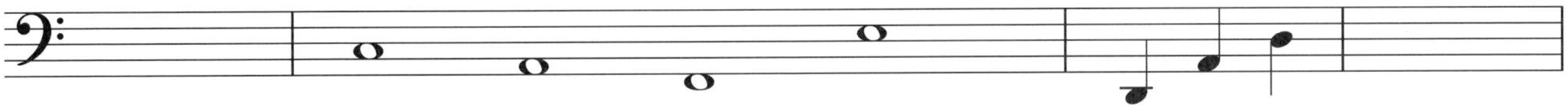

우리는 _________________________ 에 갔다. ___________ 는

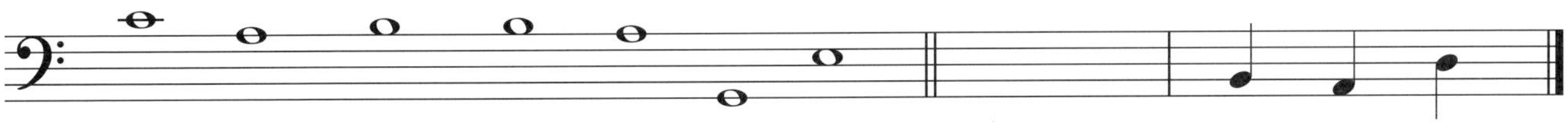

_________________________ 를 주문했다. 그 맛은 한 마디로 ____________!

---

2. 쉼표

알맞은 쉼표를 그리세요.

한 마디 전체   2박   1박   3박

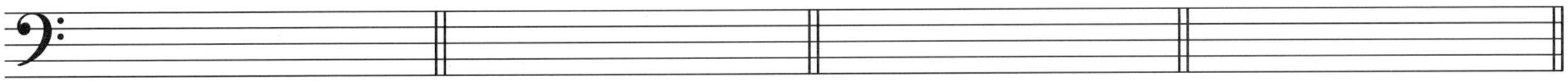

(4)

---

3. 음표와 음이름

아래 음들을 2분음표로 그려보세요.

G   B   E   C   A   D   F

(7)

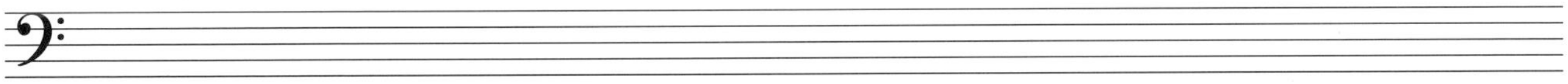

4. ♯조표

♯이 붙은 음표는 몇 개인가요? _______________ (조표를 참고하세요.)

(5)

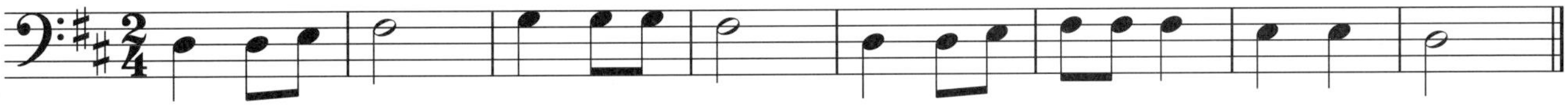

---

5. 운지법

음표 위에 알맞은 손가락 번호를 쓰세요.

(5)

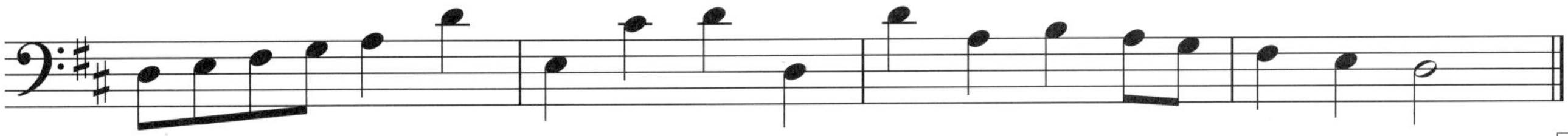

Total (25)

goals:

1. G현의 음들과 G장조 음계
2. 셈여림표: f 와 p
3. 도돌이표: 첫 번째 마침과 두 번째 마침
4. 점2분음표
5. 온쉼표
6. 레가토

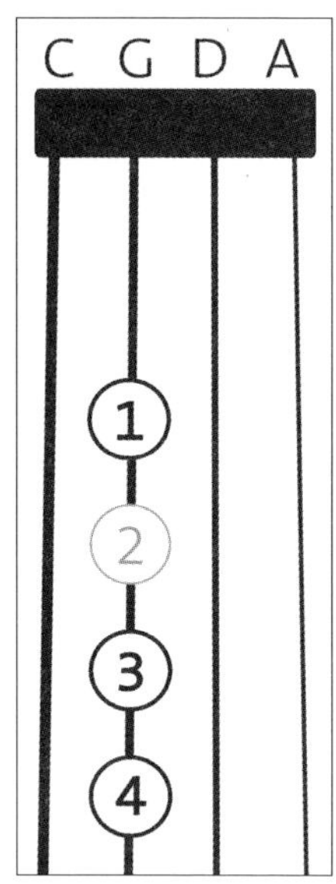

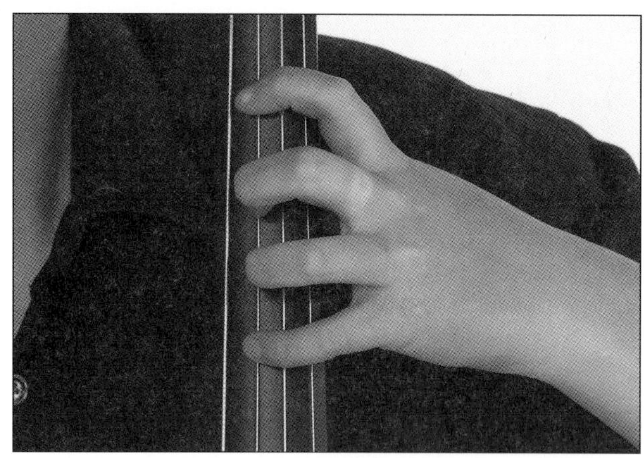

G현의 음들

손가락 위치는 D현, A현과 동일합니다.

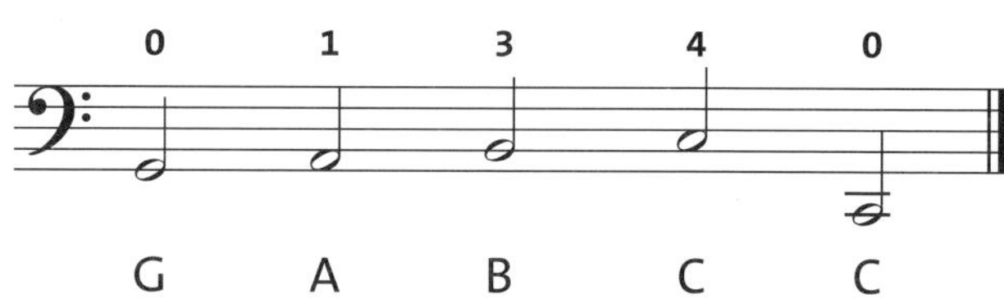

셈여림표

음악에서는 얼마나 세게 또는 여리게 연주해야하는지를 이탈리아어로 표기합니다.
이런 단어나 약어를 셈여림표라고 합니다.

f = 포르테 (Forte), 세게 p = 피아노 (Piano), 여리게

Twinkle Twinkle Little Star (작은 별)

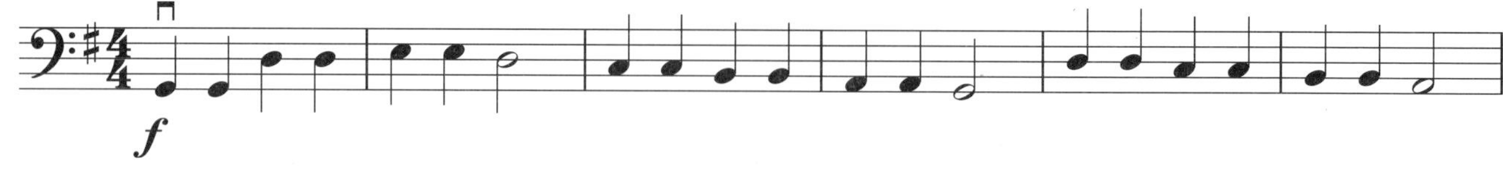

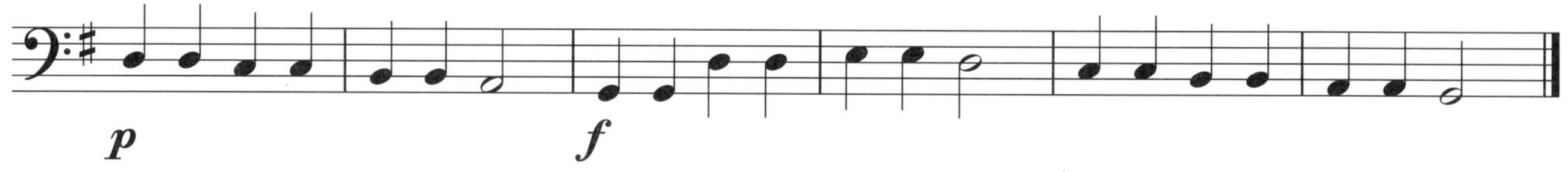

G장조 음계

G장조 음계를 연주하며 노래해 보세요. 레슨 4의 D장조 선율과 똑같은 선율처럼 들릴 것입니다. 온음과 반음의 배열이 같기 때문입니다.

조표를 잘 보고 F음에 ♯을 붙여 연주하세요.

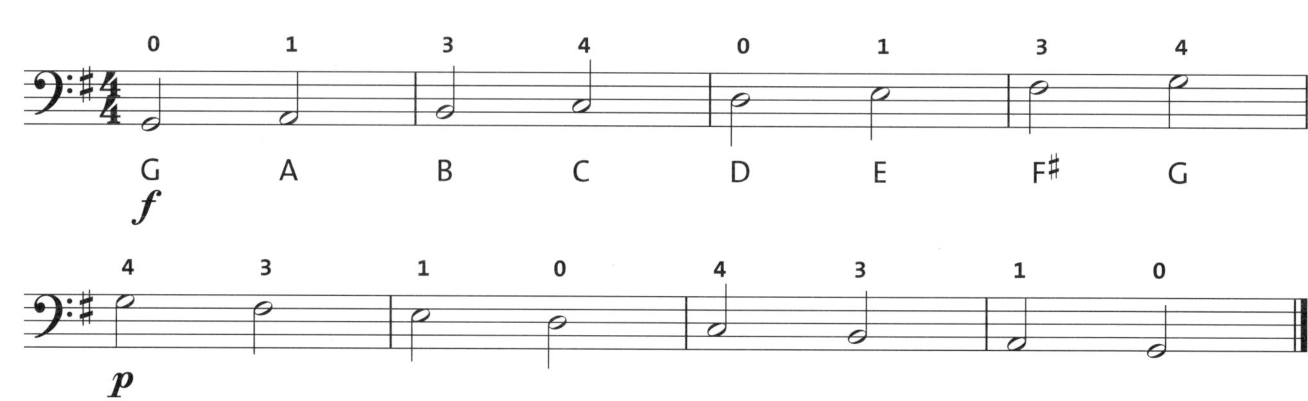

레슨 6을 위한 연주곡

첫 번째 마침과 두 번째 마침

《캉캉》을 연주할 때 1, 2라고 적힌 것은 첫 번째 마침과 두 번째 마침이라고 부릅니다. 처음부터 첫 번째 마침까지 연주한 다음, 도돌이표에 따라 반복합니다. 반복할 때는 첫 번째 마침(1번)은 생략하고 바로 두 번째 마침(2번)으로 가서 곡을 마칩니다.

활끝에서 올림활로 시작하세요. 두 번째로 연주할 때는 내림활이 될 것입니다.

Can Can (캉캉)

Offenbach

34·35

Ode To Joy (환희의 송가) 《9번 교향곡》에서

Beethoven

36·37

legato (레가토)는 부드럽게 연주하라는 뜻입니다.

점2분음표

음표 옆의 점은 그 음표의 절반 길이만큼 더 길게 연주하라는 의미입니다.

Largo (라르고) 《신세계 교향곡》에서

Dvořák

각 단의 마지막에 있는 ▬는 마디 전체를 쉬라는 의미의 온쉼표입니다.

goals:

1. C현의 음들과 C장조 음계
2. 붙임줄
3. 못갖춘마디

Part 1: 첼로 스페셜

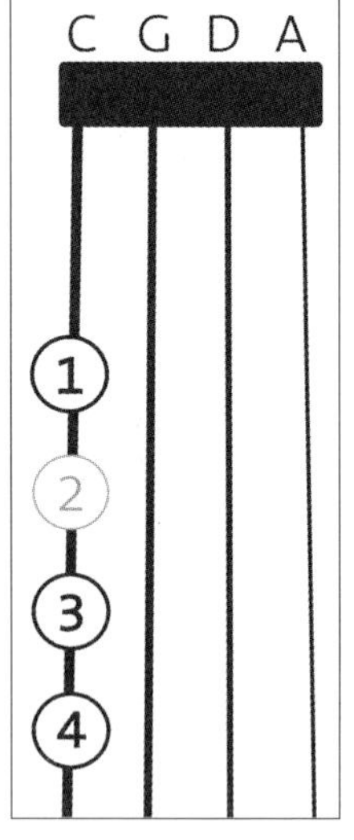

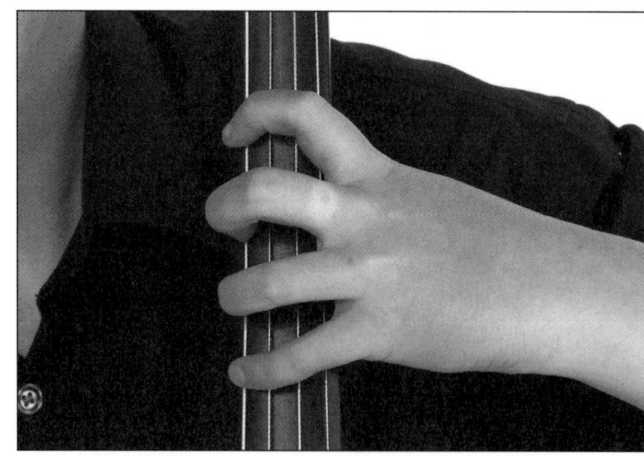

C현의 음들

익숙한 손가락 패턴이죠?
이번에는 C현에서 연주해보세요.

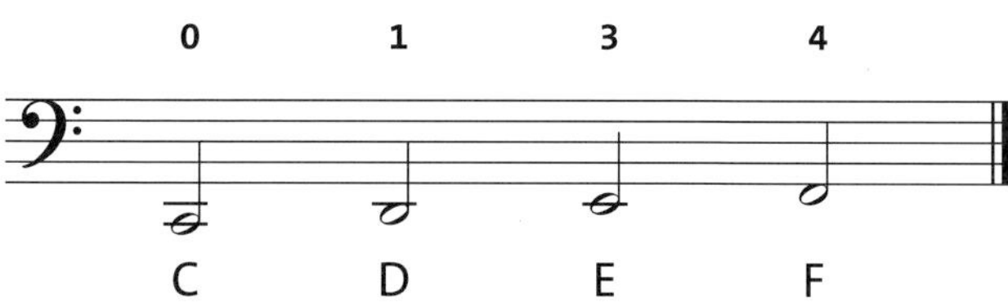

붙임줄

같은 음높이의 두 음표를 곡선으로 연결한 것이 붙임줄입니다. 붙임줄로 연결하면 두 음을 합한 만큼 길어집니다.
붙임줄이 나오면 두 음을 부드럽게 한 활로 연주하세요.

Row, Row, Row Your Boat (릿자로 끝나는 말은) (4명을 위한 돌림 노래)

이 곡은 네 명이 연주하는 돌림 노래입니다. 각자 앞 연주자 보다 네 마디씩 늦게 시작하세요.

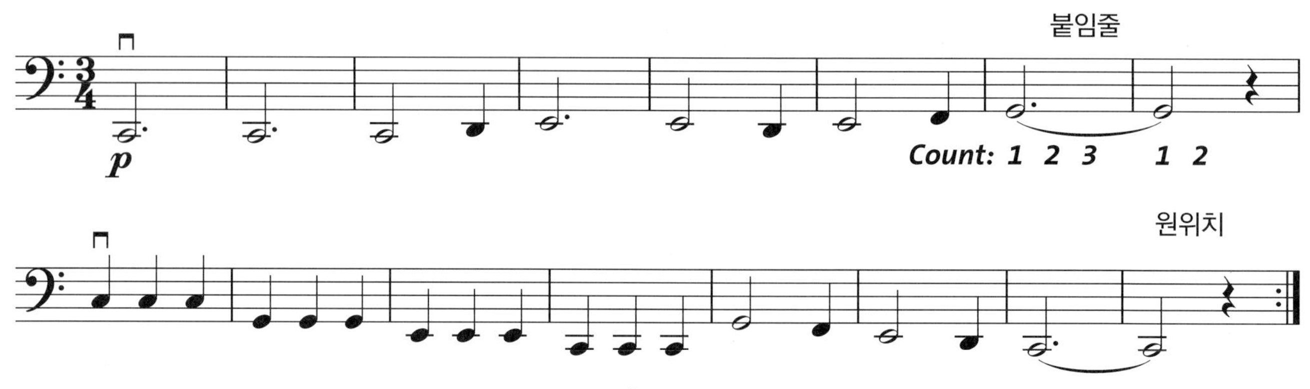

C장조 음계

조표를 확인하세요. ♯이나 ♭이 없습니다.

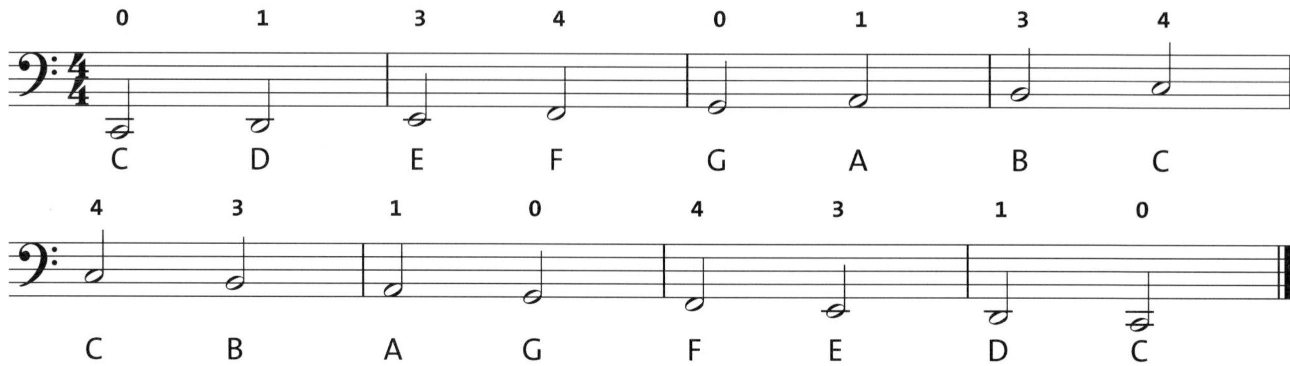

레슨 7을 위한 연주곡

Country Garden (시골 정원)

38-39

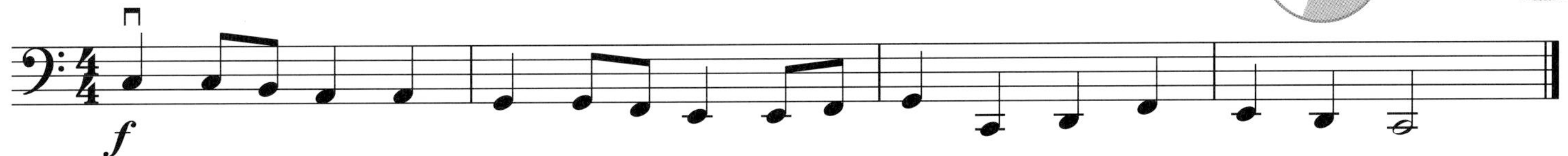

Czech Folk Song (체코 민요)

C현에서 낮은 D음을 연주할 때 소리를 잘 들어보세요. 정확한 음을 짚었다면, D 개방현이 함께 울릴 것입니다.

Tip

마지막 음에서 울리는 소리가 들리나요?

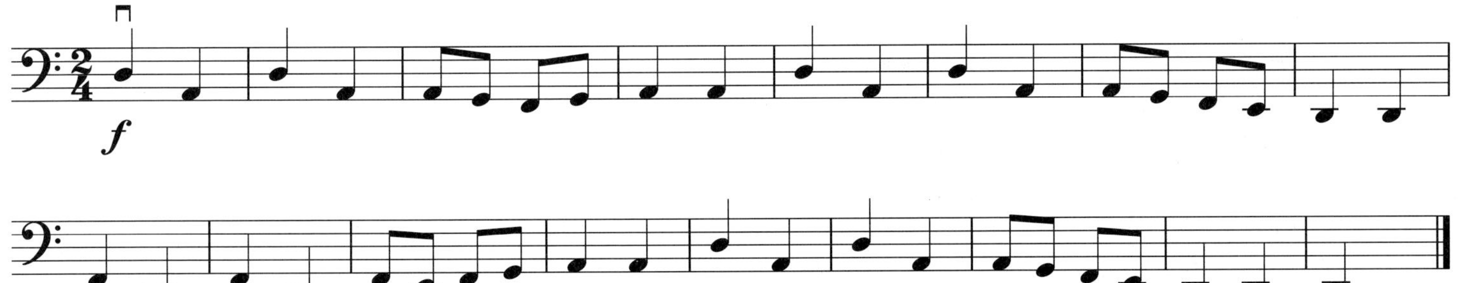

못갖춘마디

《어메이징 그레이스》는 1박 길이의 짧은 마디로 시작됩니다. 이것이 못갖춘마디입니다. 이 박은 마지막 마디의 마지막 박을 가져온 것입니다. 그래서 곡의 시작 부분에 이렇게 짧은 마디가 나오면, 곡의 끝 부분에도 불완전한 마디가 있습니다. 이 두 마디를 합하면 완전한 한 마디가 됩니다.

Amazing Grace (어메이징 그레이스)

40-41

This Old Man (할아버지)

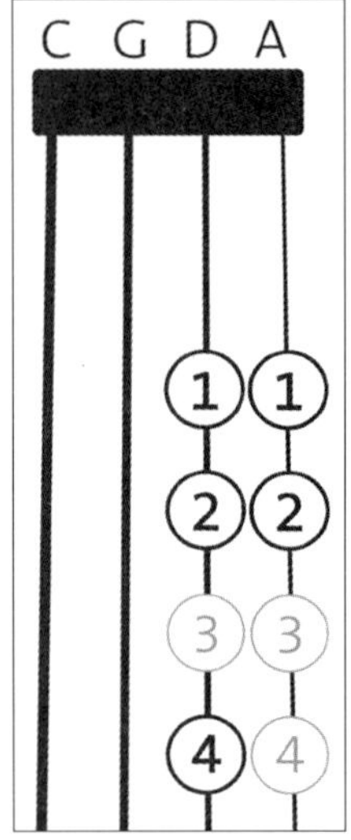

goals:

1. 손가락 패턴 2
2. C장조 음계: 한 옥타브 위에서
3. G장조 음계: 한 옥타브 위에서
4. 셈여림표: *mp*와 *mf*

셈여림표

mp = 메조 피아노(mezzo piano), 조금 여리게

mf = 메조 포르테(mezzo forte), 조금 세게

(mezzo는 절반이라는 뜻입니다.)

(Tip)

C장조 음계에는 조표가 없습니다. 지금까지 연주했던 F#과 C#음을 반음 내려 F와 C음을 제자리로 연주합니다. C와 F음의 손가락 위치는 지금까지의 손가락 패턴과는 다릅니다.

C장조 음계: 한 옥타브 위에서

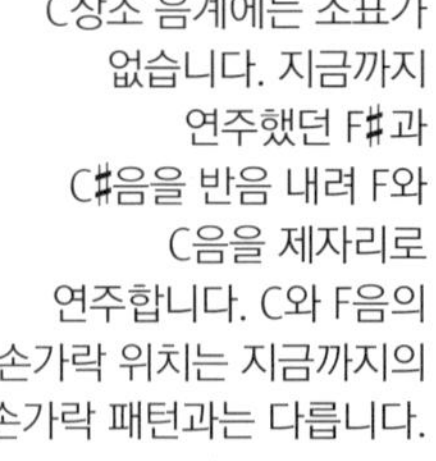

Botany Bay (보터니 만)

레슨 7에서 연주했었죠? 그때는 D장조 음계를 사용했기 때문에 지금보다 음이 높았습니다.
이번에는 레슨 7에서보다 한 음 낮은 C장조로 연주해보세요.

G장조 음계의 손가락 패턴: 2번과 3번 손가락

바이올린 교본의 G장조 음계(2번째 옥타브)와 같습니다.

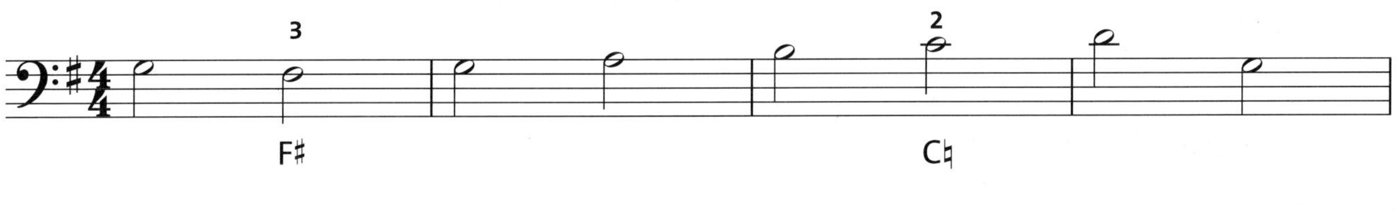

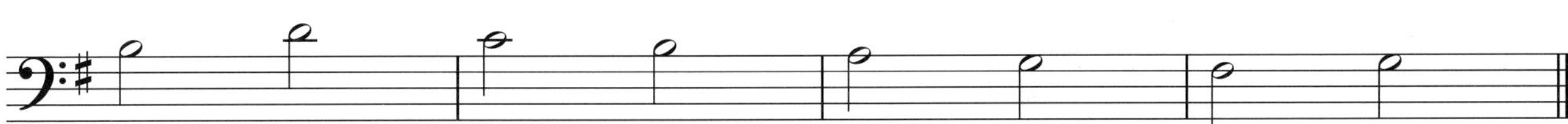

2번 손가락을 써야할까, 3번 손가락을 써야할까?

이제부터는 손가락 패턴을 항상 확인해야 합니다.

조표를 보고 2번을 사용해야 할지 3번을 사용해야 할지 생각해보세요.

레슨 8을 위한 연주곡

Andante (안단테) 《놀람 교향곡》에서
Haydn

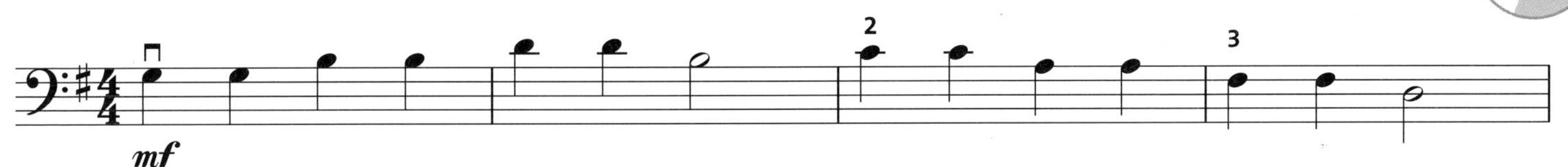

Grandfather's Clock (할아버지의 낡은 시계)

1. 커먼타임 (**C**)
2. 슬러 주법
3. 크레센도와 디미누엔도
4. 셈여림표: *ff*

커먼타임 (Common time)

$\frac{4}{4}$ 박자는 커먼타임이라고도 부릅니다. 커먼타임은 **C** 로 표시합니다.

46-47

Jingle Bells (징글벨)

크리스마스 캐롤

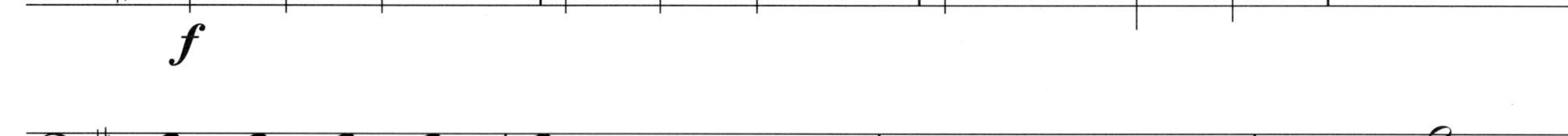

셈여림표

ff = 포르티시모 (fortissimo), 매우 세게

Hark! The Herald Angels Sing (천사 찬송하기를)

크리스마스 캐롤

Tip

메조 포르테로 시작해서 포르티시모까지 커지는 곡입니다. 처음부터 너무 크게 연주하면 마지막에 포르티시모를 연주하기 힘들 수 있습니다.

슬러 주법

슬러 주법은 한 활에 두 개 이상의 서로 다른 음을 연주하는 주법입니다.
슬러 기호 (⌒)는 음높이가 두 개 이상의 음을 연결합니다.

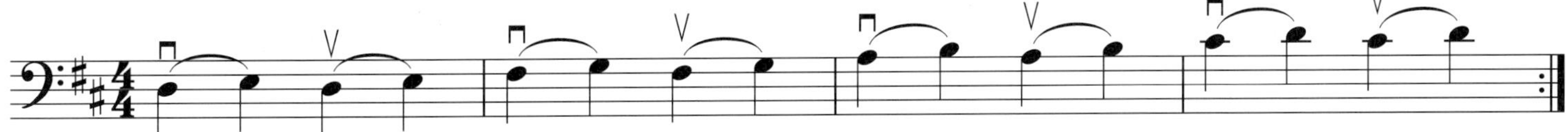

두 현에서 슬러 연주하기

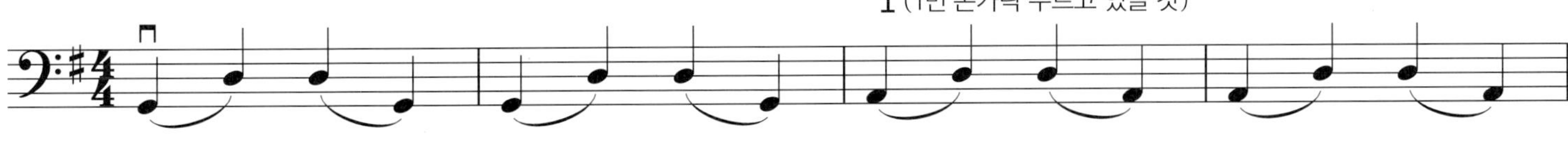

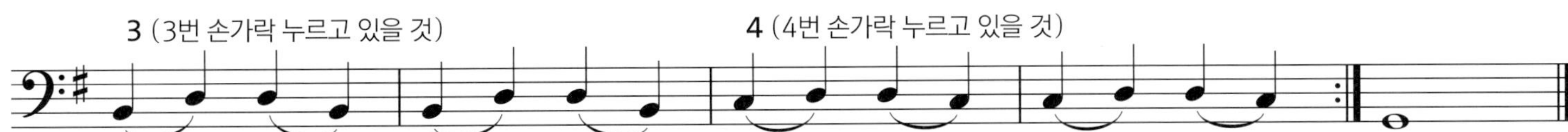

Unto Us A Child Is Born (우리를 위해 아기 나셨네)

48-49

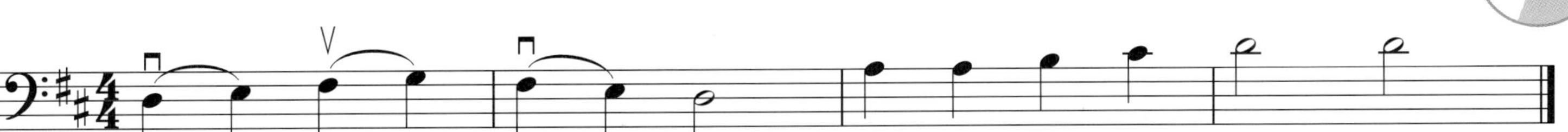

We Three Kings (동방박사 세 사람)

이번에는 세 음을 한 활에 슬러로 연주하는 연습을 해보세요.

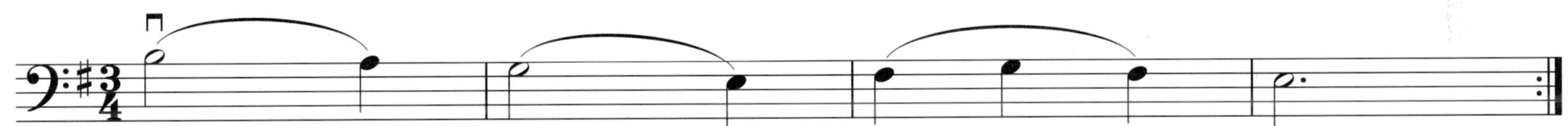

음악은 점점 세게 또는 점점 여리게 연주할 수 있습니다.
Crescendo (크레센도) – 점점 세게　　Diminuendo (디미누엔도) – 점점 여리게

Good King Wenceslas (기쁜 성탄의 날)

50-51

p 부터 ***ff*** 까지 점점 세게 연주하세요.

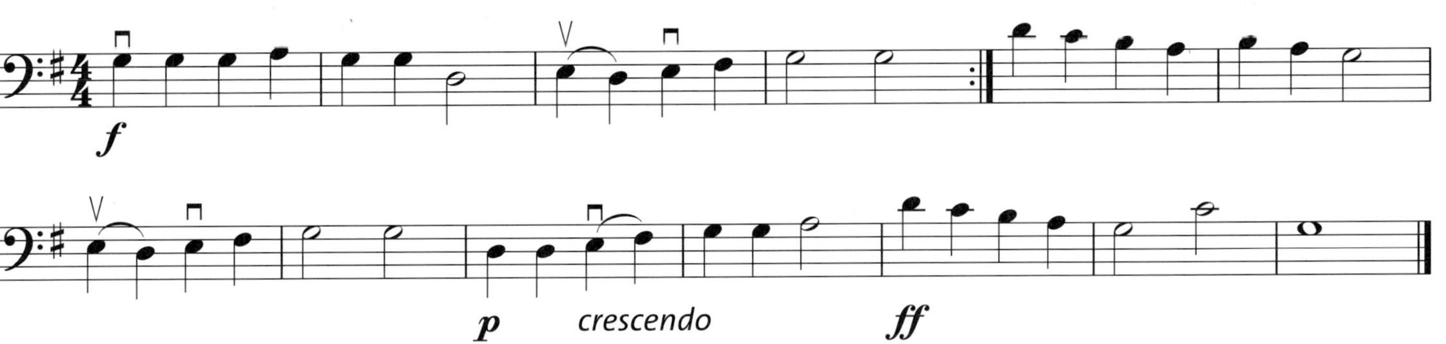

1. 점4분음표
2. 셈여림표: *pp*
3. 크레셴도와 디미누엔도 (< , >)
4. 부분 반복

점4분음표

4분음표 옆의 점은 4분음표의 절반인 8분음표만큼의 길이를 더해줍니다. ♩. = ♩ + ♪

연습 1.

Tip
같은 리듬이라도 이렇게 다양한 방식으로 악보를 그릴 수 있습니다. 음을 하나하나 따로 읽기보다는 패턴을 보는 연습을 하세요. 연주가 훨씬 음악적으로 들리고 초견 실력도 좋아질 것입니다.

리듬에 맞춰 손뼉을 치며 큰 소리로 박자를 세어 보세요.
그런 다음 연주를 하며 박자를 셉니다. b와 c가 같아야 합니다.

Silent Night (고요한 밤)

Grüber

기억할 것: 점4분음표의 '점'이 둘째 박입니다.

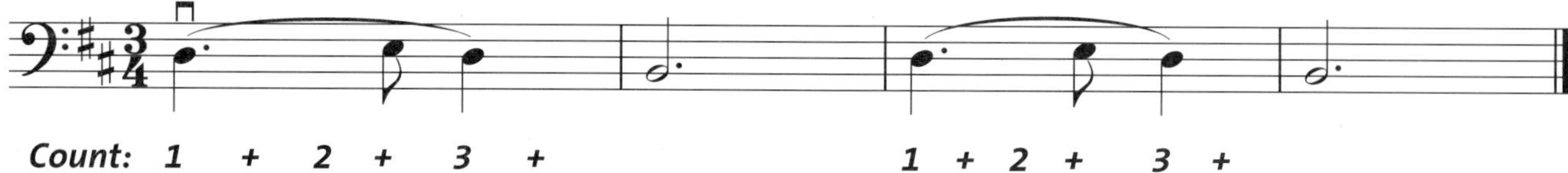

크레셴도와 디미누엔도 기호

크레셴도와 디미누엔도는 악보 아래에 머리핀 모양의 기호로도 표시됩니다.

While Shepherds Watched Their Flocks (목동이 양을 치는 동안)

이 머리핀은 크레셴도를 의미합니다.

이 머리핀은 디미누엔도를 의미합니다.

레슨 10을 위한 연주곡

Deck The Halls (아름답게 장식하세)

The First Noël (노엘)

54-55

이 곡에서는 음악을 반복할 때 곡의 맨 처음으로 돌아가지 않고 첫 번째 도돌이표가 있는 곳부터 연주합니다.

셈여림표

pp = 피아니시모 (pianissimo), 매우 여리게

Silent Night (고요한 밤)

Grüber

56-57

We Wish You A Merry Christmas (즐거운 성탄절이 되기를)

58-59 *We Three Kings* (동방박사 세 사람)

60-61 ***Once In Royal David's City*** (다윗왕의 도시에서)

62-63 ***Deck The Halls*** (아름답게 장식하세)

64-65 ***Skaters' Waltz*** (스케이트 왈츠)

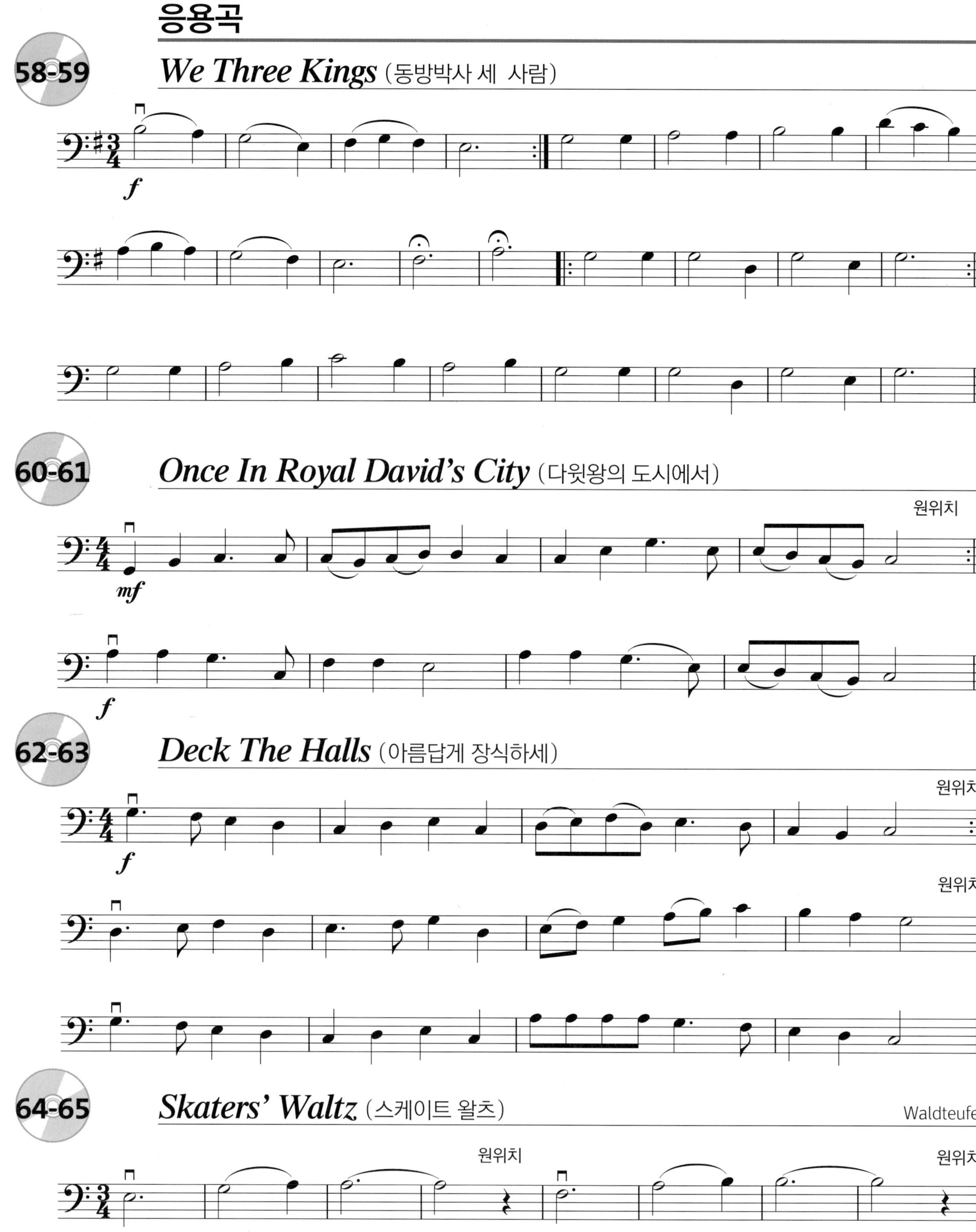

test:
Lesson 6 ~ 10

1. 음의 길이

알맞은 음표를 그리세요.

8분음표	두 박과 같은 8분음표 묶음	점4분음표	3박 길이의 음표

(8)

2. 조표와 음계

G장조 조표와 음계를 그리세요.

(4)

3. 음표와 음이름

다음의 음을 4분음표로 그리세요.

F   A   B   C#   F#   D   G   E

(4)

4. 셈여림표

다음 뜻에 알맞는 이탈리아어를 쓰세요.

조금 세게   ________________

조금 여리게   ________________

(4)

5. 음악용어

다음 이탈리아어는 무슨 뜻인가요?   다음 기호는 무슨 뜻인가요?

legato (레가토)   *pp*

arco (아르코)   *mf*

crescendo (크레셴도)   **C**

pizzicato (피치카토)

diminuendo (디미누엔도)

(5)

Total (25)

1. 스피카토
2. 빠르기말

Tip

활을 현에 가까이 가져가서 긋고 다시 활을 들어 올리는 모양이 스마일 모양이 되도록 하세요. 스피카토를 안정적으로 연주할 수 있을 때까지 꾸준히 연습하세요.

스피카토 (Spiccato)

활을 살짝 들어서 짧게 연주하는 기법으로, 음을 끊어서 (스타카토) 연주할 때 사용합니다.

활의 아래쪽 절반 중에서 활을 쓰기가 가장 쉬운 지점을 찾아보세요. 그리고 현을 그을 때 활이 스마일 모양을 그리도록 합니다.

스피카토는 이렇게 표시합니다. 

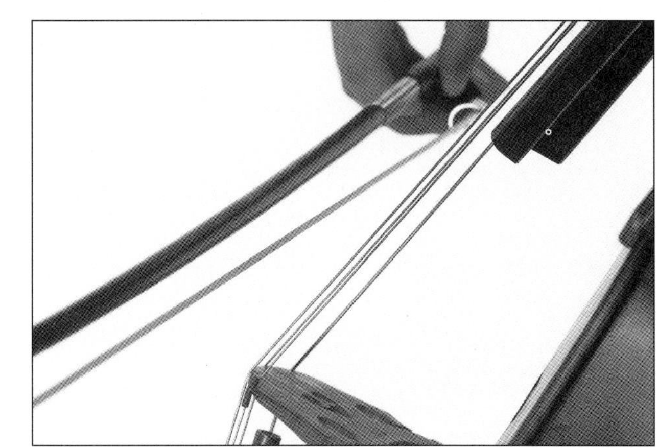

Oats And Beans (귀리와 콩)

활에서 스피카토를 연주하기에 가장 좋은 지점을 활에서 찾으세요.

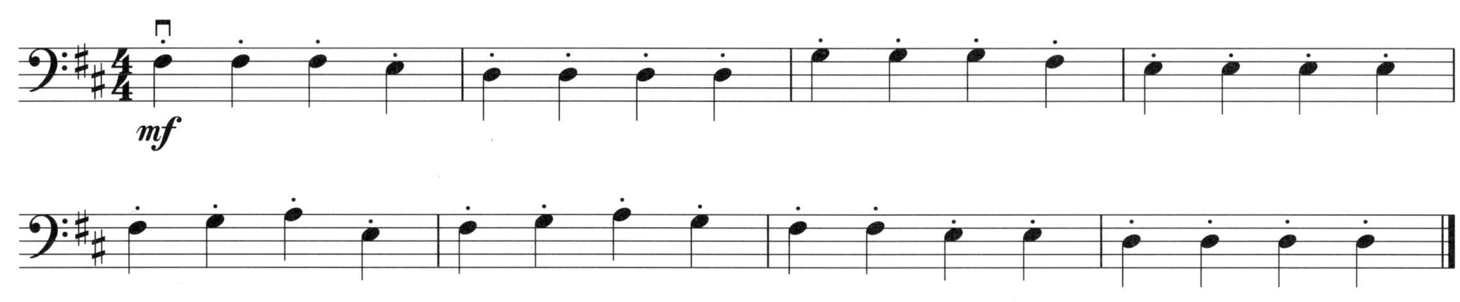

가장 좋은 지점을 찾았나요?

곡의 *템포를 가리키는 빠르기말 역시 이탈리아어를 사용합니다.

Andante (안단테) – 걷는 속도로　　　　Moderato (모데라토) – 보통 빠르기로
Allegretto (알레그레토) – 조금 빠르게　　Allegro (알레그로) – 빠르게

* 템포: 곡의 빠르기

Andante (안단테) 《놀람 교향곡》에서

Haydn

잊지 않고 활을 들었나요?

레슨 11을 위한 연주곡

Moderato (모데라토) 《농부 칸타타》에서

손가락과 손목이 유연하면 그 탄력을 이용하여 스피카토를 할 수 있습니다.

London's Burning (불타는 런던)

이 곡은 돌림 노래입니다. 두 번째 연주자는 두 마디 뒤에 시작합니다.

Reuben And Rachel (루벤과 레이첼)

이 곡은 돌림 노래입니다. 두 번째 연주자는 한 마디 뒤에 시작합니다.

Yankee Doodle (양키 두들)

1. 후크 보잉
2. 8분쉼표
3. 늘임표 (페르마타)
4. rit. (리테누토)

후크 * 보잉 (Hooked bowing)

두 개 이상의 스타카토 음을 한 활에 연주하는 것입니다.
갈고리 (hook)로 낚아채듯 끊어서 연주합니다.
연습 1의 악보처럼 음표 머리에 선을 긋고 이음줄로 연결하여 표시합니다.

* 보잉: 활쓰기

연습 1.

음을 연주한 후에 활을 멈추세요.

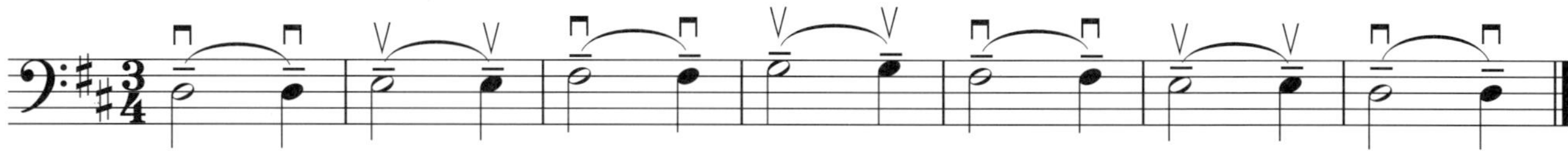

⌢ 기호는 늘임표 (페르마타)입니다. 이 기호가 보이면 원래의 음길이보다 더 길게 연주합니다.
늘임표 기호는 곡 제일 끝에 자주 나옵니다.

70-71 *Scarborough Fair* (스카보로 페어)

Moderato

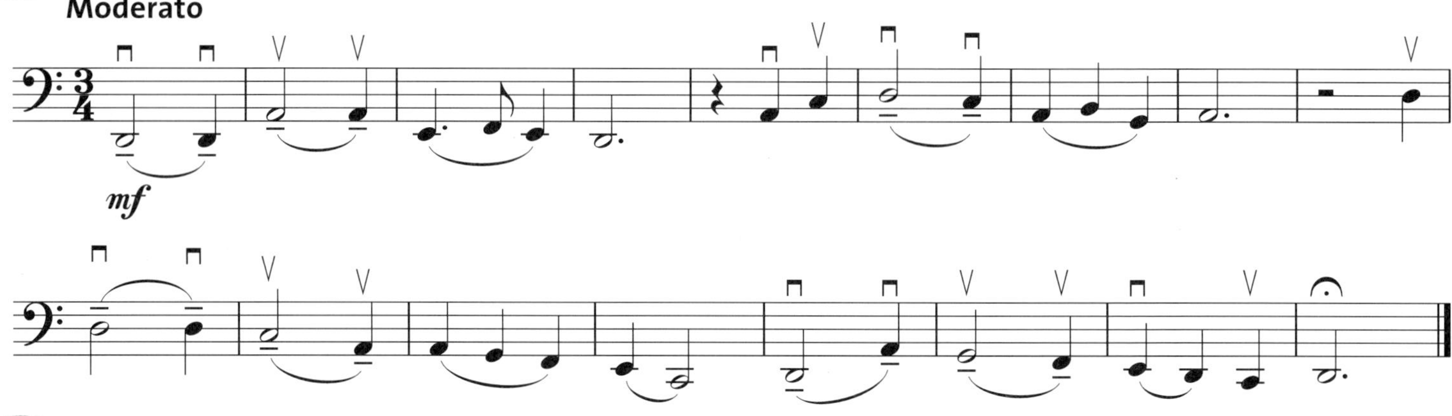

72-73 *Skye Boat Song* (스카이의 뱃노래)

Allegretto

레슨 12를 위한 연주곡

Allegro (알레그로) 《사계》 중 '봄'에서

Vivaldi **74-75**

후크 보잉을 기억하세요.

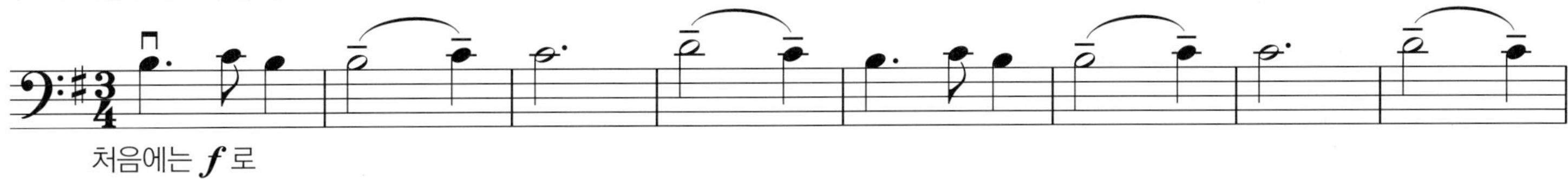

8분쉼표

> *rit.* = ritenuto (리테누토), '느려지다' 라는 뜻입니다.
> 일시적으로 곡의 템포를 늦출 때 사용하는 기호입니다.
> 리테누토는 극적인 효과를 줍니다.

Nessun Dorma (공주는 잠 못 이루고)

Puccini **76-77**

활의 어느 지점에서 시작하면 좋을지 생각해보세요. 온음표를 연주할 때 활이 모자라지는 않을까요?

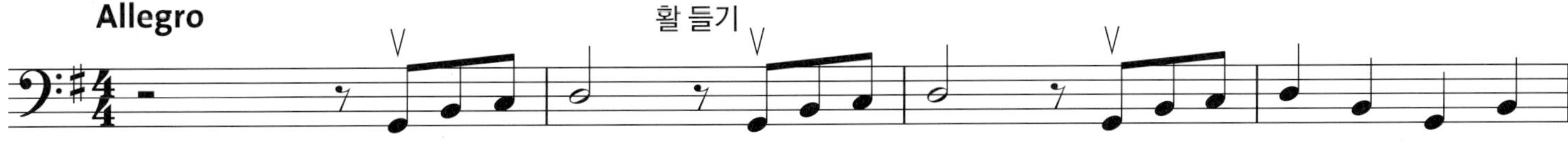

When The Saints Go Marching In (성자의 행진)

78-79

1. 아르페지오
2. 돌림 노래 작곡하기

Tip

악보들을 잘 보면 선율들이 아르페지오나 음계의 구성음들로 만들어졌다는 것을 알 수 있을 것입니다. 음계와 아르페지오를 꾸준히 연습하면 새로운 곡을 배울 때 도움이 될 것입니다.

아르페지오

한 음계의 1, 3, 5번째 음을 차례로 연주하는 것을 아르페지오 (Arpeggio)라고 합니다.
아르페지오는 선율에서 자주 사용됩니다.
음계와 분산화음은 꾸준히 연습해야 합니다.

D장조 음계

음계의 구성음은 로마숫자로 표기합니다. 8번째 음은 다시 첫 음과 같이 'I'로 표기합니다.

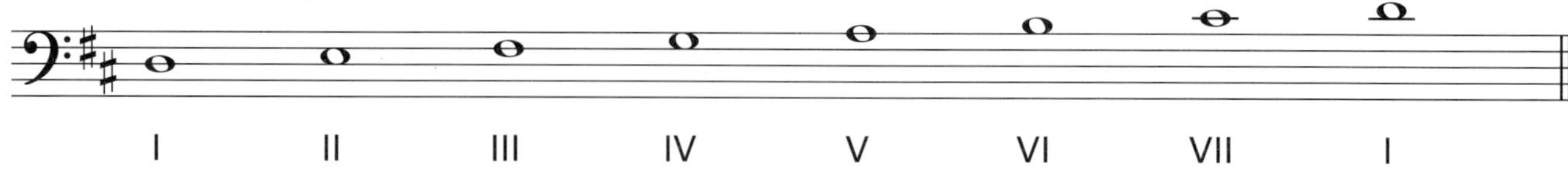

D장조 아르페지오

장조의 아르페지오는 《아침이 밝았네 (Morning Has Broken)》라는 노래의 첫 네 음처럼 들립니다.
이 노래의 원곡인 《Bunessan》에서는 이 아르페지오가 G장조로 제시됩니다.

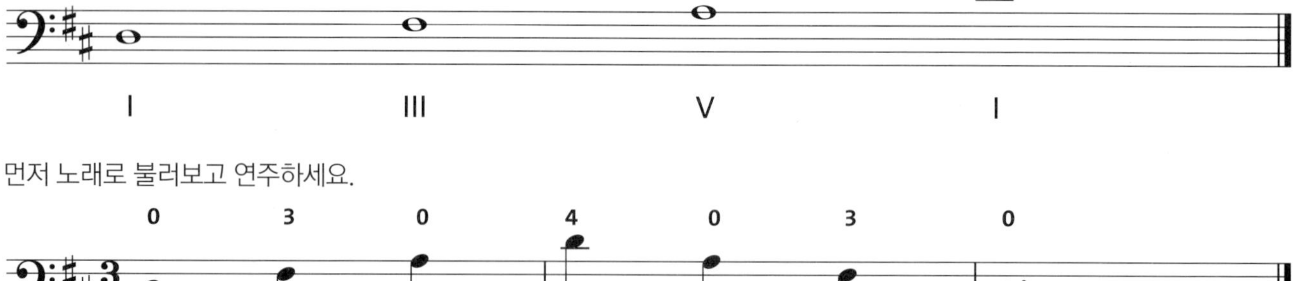

먼저 노래로 불러보고 연주하세요.

G현이나 A현에서도 같은 손가락 패턴으로 분산화음을 연주해보세요.

돌림 노래

Fanfare (팡파르)

이 곡은 돌림 노래입니다. 두 번째 연주자는 반 마디 뒤에 시작합니다.

아르페지오에서 음을 골라 나만의 돌림 노래를 만들어 보세요.
한 마디에 2박이나 3박, 4박이 들어가는 리듬 패턴을 만들고 박자표를 쓰세요.

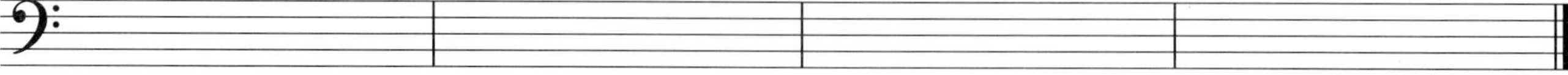

레슨 13을 위한 연주곡

* *Kumbayah* (쿰바야)

둘째 단에서 박자표가 바뀝니다.

* Kumbayah : 'Come by Here'를 미국 흑인노예들의 발음대로 쓴 것.

Ecossaise (* 에코세즈)

Beethoven

* 에코세즈 : 스코틀랜드 춤곡

Bunessan (* 버네슨)

* 버네슨 : 이 선율이 유래된 스코틀랜드 마을의 이름

Lesson 14

goals:

1. 플랫
2. F장조 음계와 아르페지오
3. G현에서의 B♭음

음표 왼쪽의 플랫(♭) 기호는 반음 낮게 연주하라는 뜻입니다.

지금까지는 ♯을 배웠고 이제 ♭을 배울 차례입니다. 이 책에서 몇 개의 조표를 배웠나요? 다른 조표가 있는 곡은 어떻게 연주해야 할까요?

아래 음계는 장조이므로 **온-온-반-온-온-온-반**의 음정 배열을 만들기 위해 B를 B♭ 음으로 연주합니다.

F장조 음계

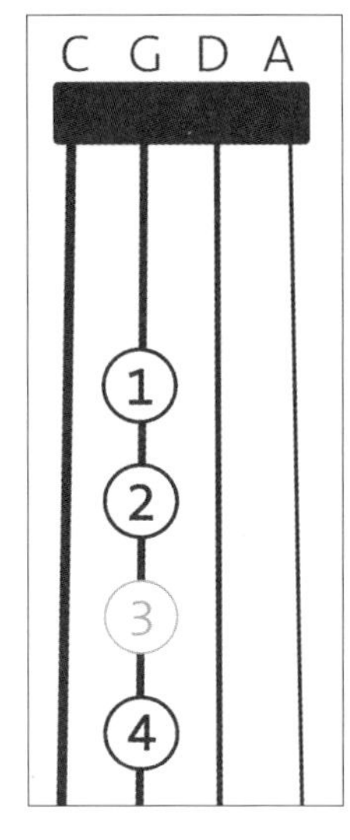

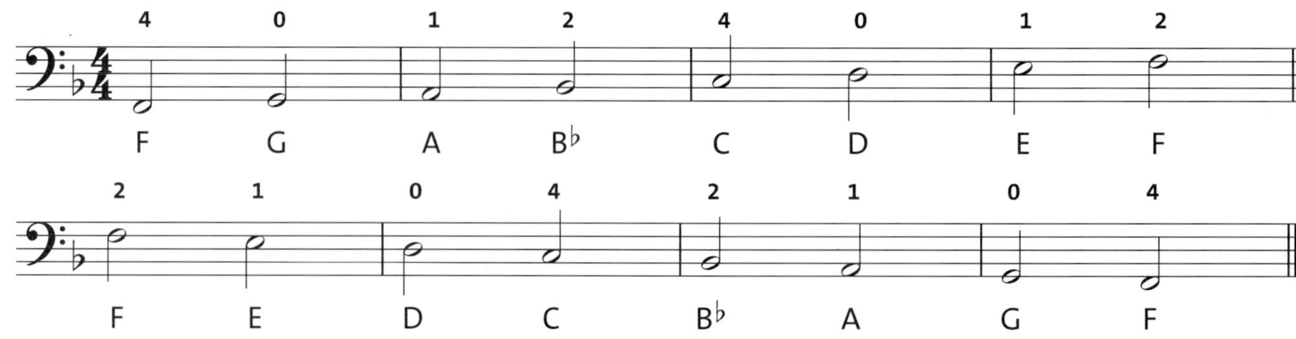

F장조 아르페지오

옥타브 소리 비교

옥타브 간격의 두 음을 비교해보세요.
예) 음계의 첫 음과 마지막 음

같은 소리가 나나요?

옥타브 간격의 두 음을 비교하는 것은 조율이 잘 되었는지 확인할 수 있는 좋은 방법입니다.

레슨 14를 위한 연주곡

Filou (장난꾸러기)

Praetorius

2번 손가락으로 B♭음을 짚으세요.

Abide With Me (함께 하소서)

Monk

84-85

기억할 것: B♭음은 2번 손가락이라는 것을 기억하세요.

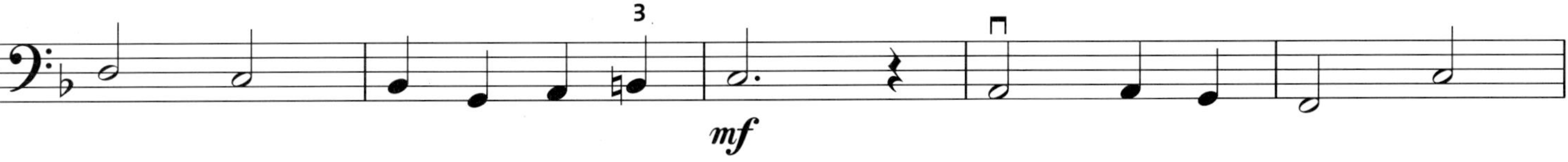

The Happy Farmer (즐거운 농부)

Schumann

Lullaby (자장가)

Brahms

86-87

further techniques:

트레몰로 (Tremolo)

반짝반짝 빛나는 소리를 내기 위해 활을 매우 빠르게 쓰는 주법입니다.
트레몰로는 음표 기둥에 줄을 그어 기호로 표시합니다.
활끝에서 활을 짧고 빠르게 쓰며 트레몰로를 연주해보세요.

88-89

Gymnopédie No. 1 (짐노페디 1번)

Satie

90

Skye Boat Song (스카이의 뱃노래)

D현과 A현을 동시에 연주하세요.
두 현에서 동시에 연주하는 것을 더블 스톱 (double stop)이라고 합니다.

하모닉스 (Harmonics)

D현에 4번 손가락을 살짝 대고 손을 위아래로 미끄러뜨려 보세요.
손을 계속 움직이면서 브릿지 가까이에서 활을 쓰면 가벼운 소리가 날 것입니다.
이것은 D음의 *배음 (하모닉스) 중 하나의 소리입니다.

D현의 중간 지점에 4번 손가락을 살짝 올려놓고 브릿지 근처에서 빠르게 활을
그어보면 D현 개방음보다 한 옥타브 높은 D음이 마치 플루트 소리처럼 울리는
것을 들을 수 있습니다. 이것이 옥타브 하모닉스입니다.

악보를 보며 D현에서 옥타브 하모닉스를 연습하고 다른 현에서도 연습해 보세요.
음표 위의 작은 동그라미가 하모닉스 기호입니다.

* 배음 : 바탕음과 진동수 비율이 2배, 3배 등 정수배 관계인 음

레슨 15를 위한 연주곡

Lovely Evening (아름다운 저녁)

세 명이 연주하는 돌림 노래입니다. 두 번째 연주자는 여섯 마디 뒤에 시작합니다.

Sumer Is Icumen In (여름이 왔도다)

이 곡은 돌림 노래입니다. 두 번째 연주자는 네 마디 뒤에 시작합니다.

갈매기 주법

아무 현이나 하나 선택해서 왼손으로 가장 높은 곳까지
미끄러져 올라가보세요.

이번에는 현을 누른 채로 1cm 가량 재빨리 미끄러져
내려오세요.

왼손이 미끄러질 때 활을 재빨리 아랫쪽으로 긋고,
바로 원위치 시켜주세요. 갈매기 소리가 들릴 거예요!

92-93 *Theme* (from Symphony No.1) 《1번 교향곡》 주제

Brahms

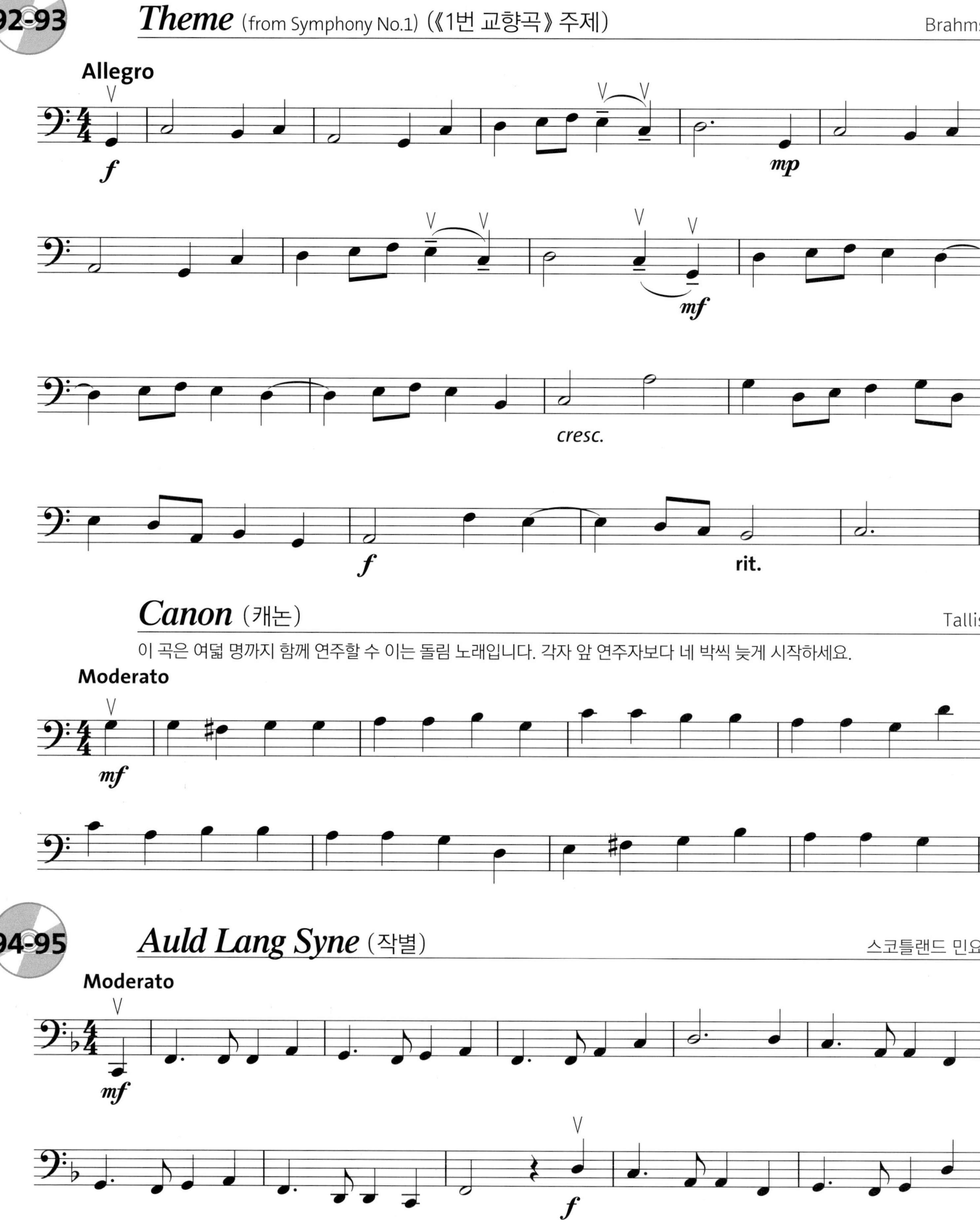

Canon (캐논)

Tallis

이 곡은 여덟 명까지 함께 연주할 수 이는 돌림 노래입니다. 각자 앞 연주자보다 네 박씩 늦게 시작하세요.

94-95 *Auld Lang Syne* (작별)

스코틀랜드 민요

test: Lesson 11 ~ 15

1. 조표

알맞은 조표를 그리세요.

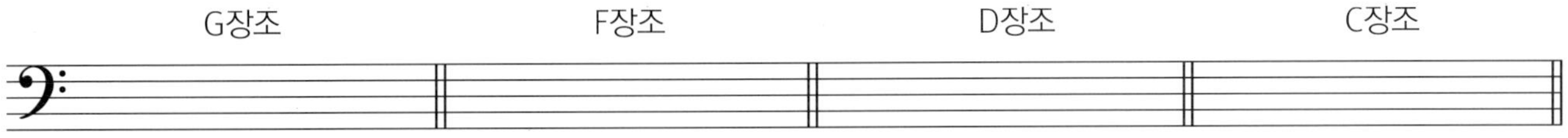

G장조
F장조
D장조
C장조

(5)

2. 점음표

왼쪽의 악보에서 붙임줄로 연결된 음들을 점음표로 바꾸어 오른쪽에 새로 그리세요.

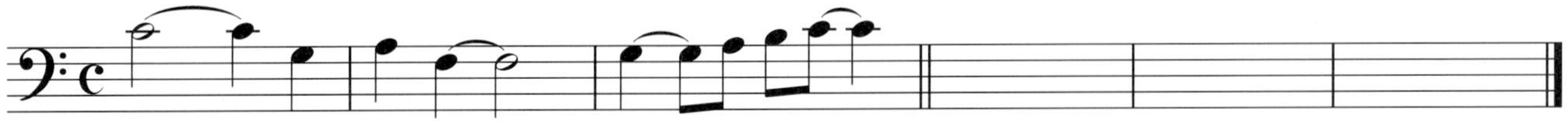

(5)

3. 아르페지오

a. 아르페지오가 될 수 있는 음을 찾아 동그라미 하세요.
b. 이것은 무슨 음계인가요?

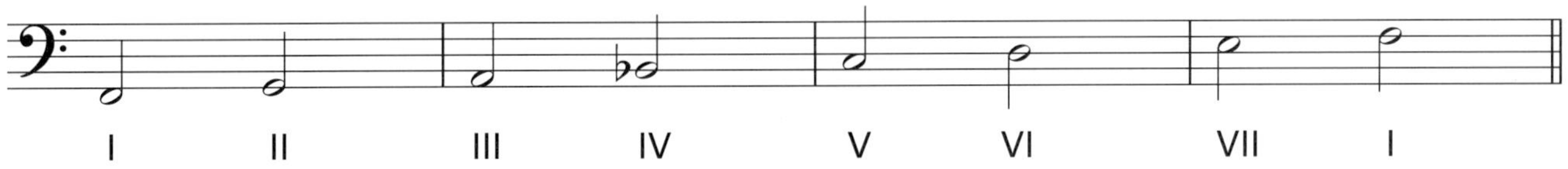

I
II
III
IV
V
VI
VII
I

(6)

4. 음악용어

이 용어들은 무슨 뜻인가요?

Allegretto (알레그레토) ______________ **Fermata** (페르마타) ______________

Spiccato (스피카토) ______________ **Ritenuto** (리테누토) ______________

(4)

5. 기호

화살표가 가리키는 것의 이름을 쓰세요.

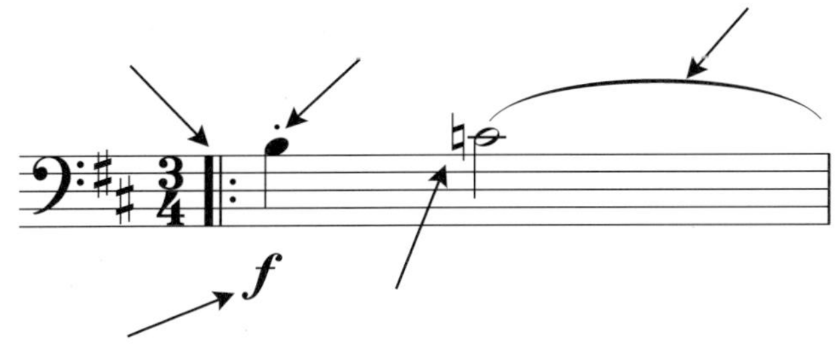

(5)

Total (25)

CD track

1	튜닝음 A	**40**	Amazing Grace *(연주)*	**77**	Nessun Dorma *(반주)*
2	튜닝음 D	**41**	Amazing Grace *(반주)*	**78**	When The Saints Go Marching In *(연주)*
3	튜닝음 G	**42**	Botany Bay *(연주)*	**79**	When The Saints Go Marching In *(반주)*
4	튜닝음 C	**43**	Botany Bay *(반주)*	**80**	Ecossaise *(연주)*
5	첼로 연주의 예	**44**	Andante *(연주)*	**81**	Ecossaise *(반주)*
6	Lesson 1 연습 1 *(연주)*	**45**	Andante *(반주)*	**82**	Bunessan *(연주)*
7	Lesson 1 연습 1 *(반주)*	**46**	Jingle Bells *(연주)*	**83**	Bunessan *(반주)*
8	Tambour on the D string *(연주)*	**47**	Jingle Bells *(반주)*	**84**	Abide With Me *(연주)*
9	Tambour on the D string *(반주)*	**48**	Unto Us A Child Is Born *(연주)*	**85**	Abide With Me *(반주)*
10	Hoe Down *(연주)*	**49**	Unto Us A Child Is Born *(반주)*	**86**	Lullaby *(연주)*
11	Hoe Down *(반주)*	**50**	Good King Wenceslas *(연주)*	**87**	Lullaby *(반주)*
12	Lesson 2 연습 1 *(연주)*	**51**	Good King Wenceslas *(반주)*	**88**	Gymnopédie No.1 *(연주)*
13	Lesson 2 연습 1 *(반주)*	**52**	While Shepherds Watched Their Flocks *(연주)*	**89**	Gymnopédie No.1 *(반주)*
14	Frère Jacques *(연주)*	**53**	While Shepherds Watched Their Flocks *(반주)*	**90**	Skye Boat Song *(연주)*
15	Frère Jacques *(반주)*	**54**	The First Noël *(연주)*	**91**	Sumer Is Icumen In *(연주)*
16	Au Clair de la Lune *(연주)*	**55**	The First Noël *(반주)*	**92**	Theme from First Symphony (Brahms) *(연주)*
17	Au Clair de la Lune *(반주)*	**56**	Silent Night *(연주)*	**93**	Theme from First Symphony (Brahms) *(반주)*
18	Hoe Down *(연주)*	**57**	Silent Night *(반주)*	**94**	Auld Lang Syne *(연주)*
19	Hoe Down *(반주)*	**58**	We Three Kings *(연주)*	**95**	Auld Lang Syne *(반주)*
20	Merrily We Roll Along *(연주)*	**59**	We Three Kings *(반주)*		
21	Merrily We Roll Along *(반주)*	**60**	Once In Royal David's City *(연주)*		
22	London Bridge Is Falling Down *(연주)*	**61**	Once In Royal David's City *(반주)*		
23	London Bridge Is Falling Down *(반주)*	**62**	Deck The Halls *(연주)*		
24	French Folk Song *(연주)*	**63**	Deck The Halls *(반주)*		
25	French Folk Song *(반주)*	**64**	Skaters' Waltz *(연주)*		
26	Lavender's Blue *(연주)*	**65**	Skaters' Waltz *(반주)*		
27	Lavender's Blue *(반주)*	**66**	Moderato *(연주)*		
28	Go From My Window *(연주)*	**67**	Moderato *(반주)*		
29	Go From My Window *(반주)*	**68**	Yankee Doodle *(연주)*		
30	Old Oxford *(연주)*	**69**	Yankee Doodle *(반주)*		
31	Old Oxford *(반주)*	**70**	Scarborough Fair *(연주)*		
32	Autumn *(연주)*	**71**	Scarborough Fair *(반주)*		
33	Autumn *(반주)*	**72**	Skye Boat Song *(연주)*		
34	Can Can *(연주)*	**73**	Skye Boat Song *(반주)*		
35	Can Can *(반주)*	**74**	Allegro *(연주)*		
36	Ode To Joy *(연주)*	**75**	Allegro *(반주)*		
37	Ode To Joy *(반주)*	**76**	Nessun Dorma *(연주)*		
38	Country Garden *(연주)*				
39	Country Garden *(반주)*				

부록 CD

트랙 1~4는 튜닝 트랙이고 트랙 5는 첼로 연주의 예를 들려줍니다.
트랙 6부터는 책에 배치된 순서대로 곡이 수록되어 있습니다.

그림 위에 적힌 숫자가 트랙 번호입니다.

발행인 이병직
발행처 도서출판 뮤직트리

초판 1쇄 발행 2011년 6월 30일

출판신고 2003년 7월 11일 제 406 – 2003 – 00006호   121 – 840 서울시 마포구 서교동 395 – 179 미르B/D 3F TEL. 02)325 – 2592 FAX. 02)334 – 4704

번　　역 윤인영
감　　수 이강호
편　　집 강효정 · 박수연 · 윤인영 · 김지니
디자인 책임 이현정
디자인 진행 페이지 엠 (www.page – m.com)

ISBN 978 – 89 – 6296 – 151 – 5
　　　978 – 89 – 6296 – 148 – 5 (set)

정가 10,000원

www.adventure.co.kr

엔드 핀 (end pin / Spike)
줄걸이틀 (Tailpiece)
조리개 (fine-tuning adjuster)
에프홀 (F-hole)
C
G
D
A
브릿지 (Bridge)
활끝 (Point)
활털

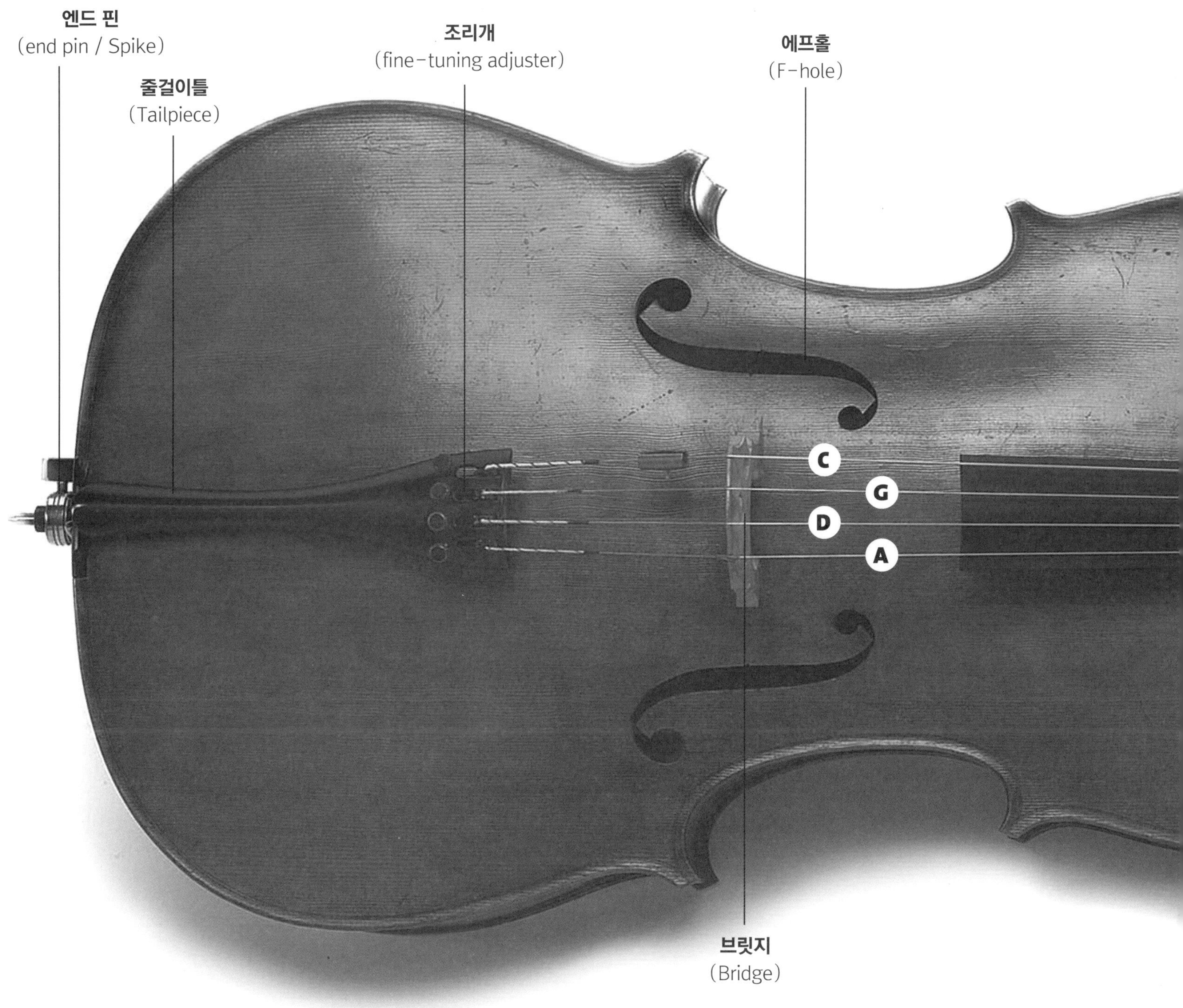

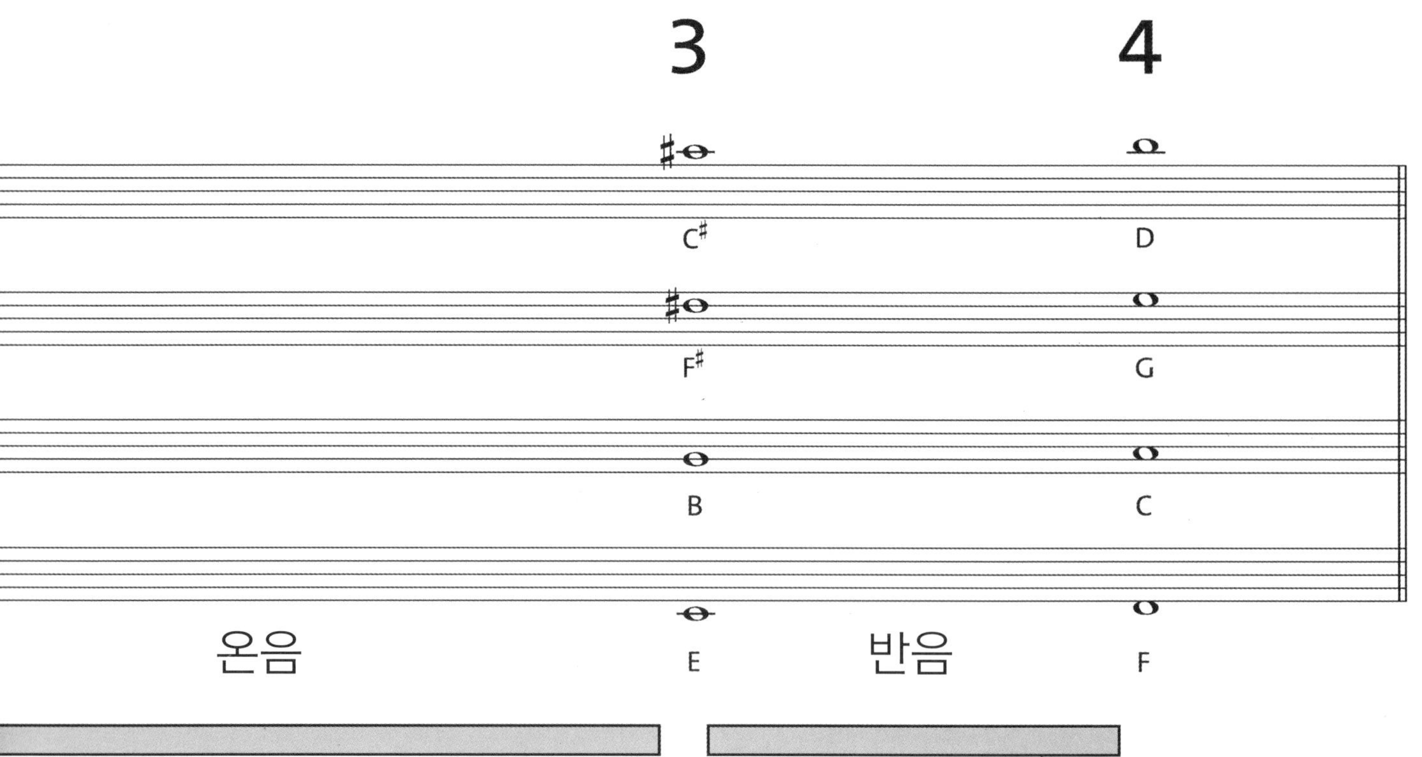

3
4
C#
D
F#
G
B
C
온음
E
반음
F

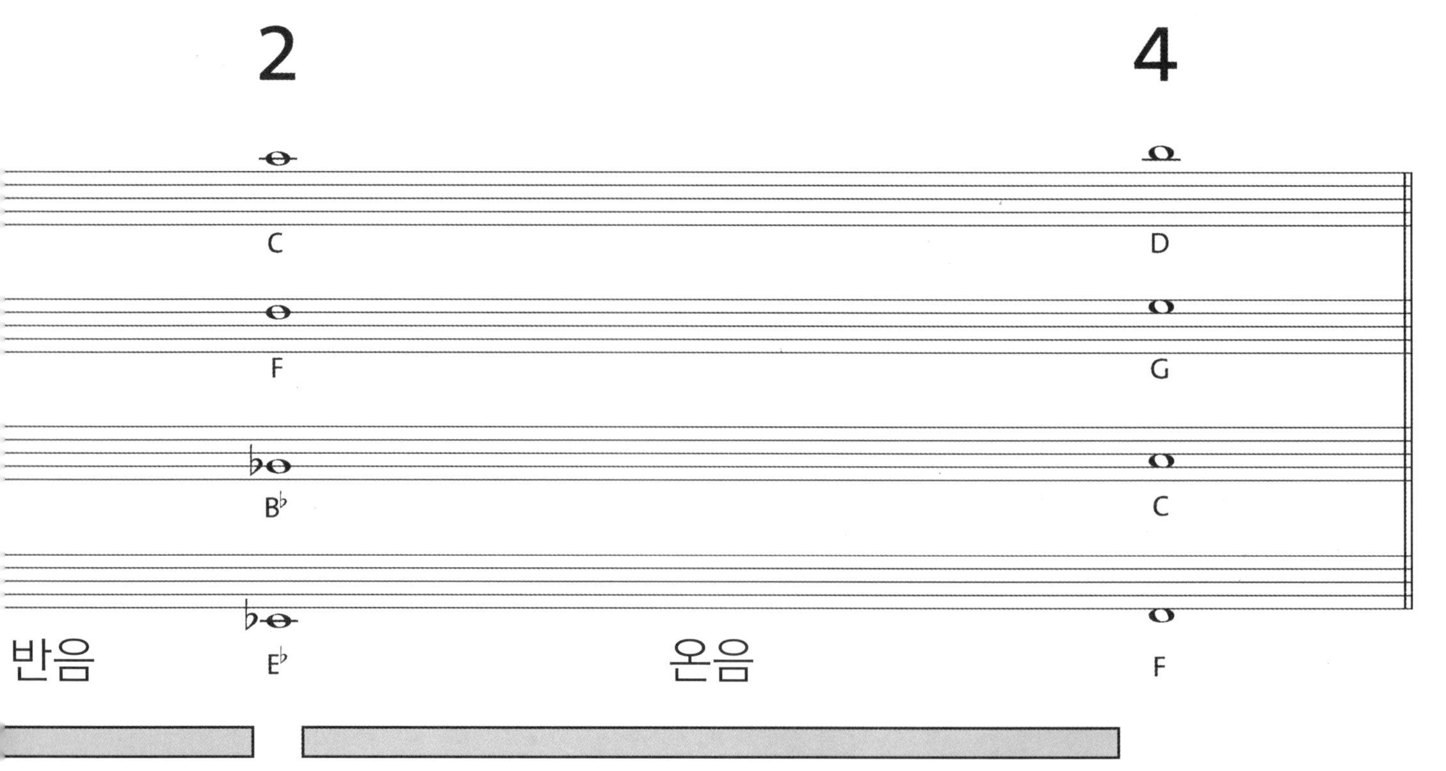

2
4
C
D
F
G
B♭
C
반음
E♭
온음
F

손가락 패턴 1

손가락 패턴 2

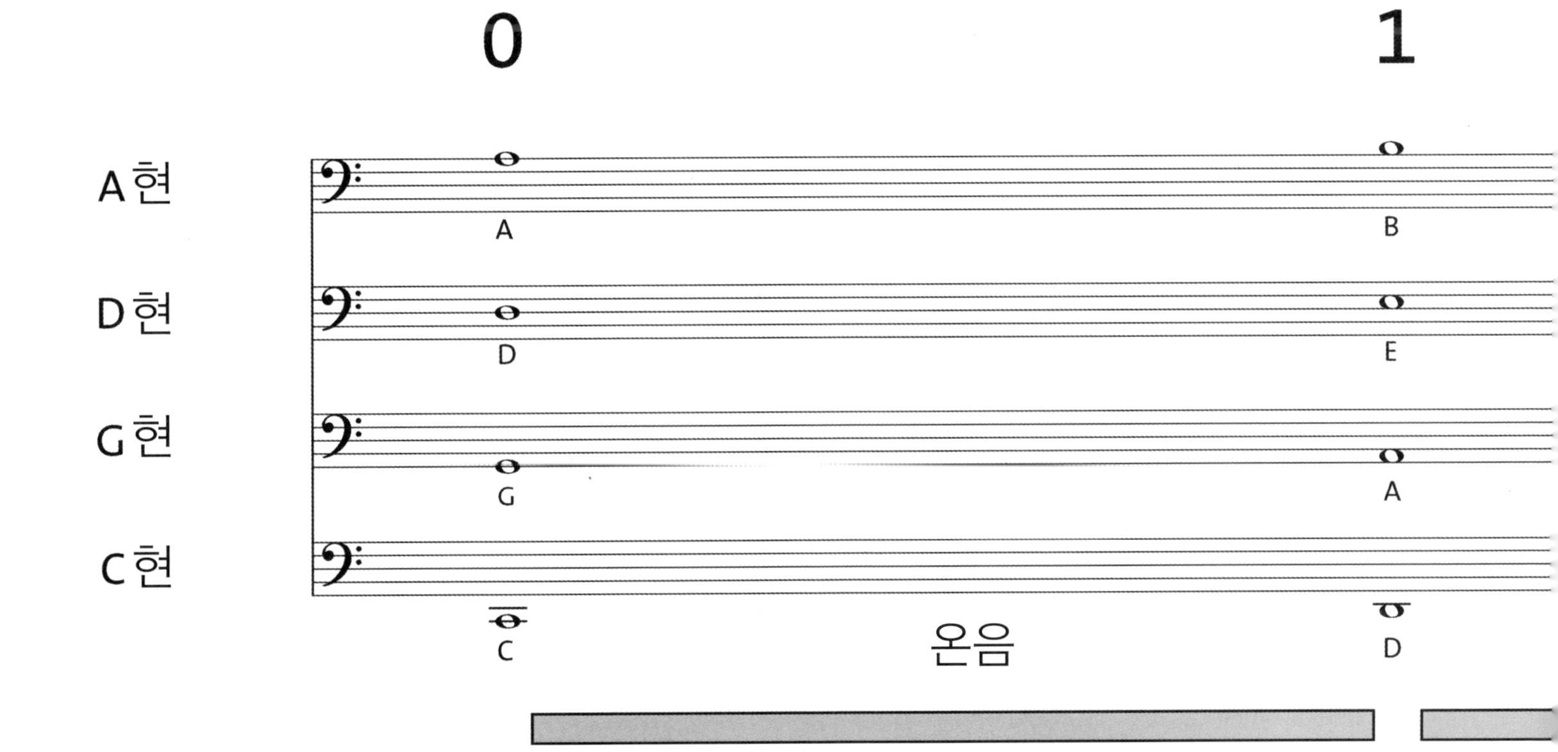

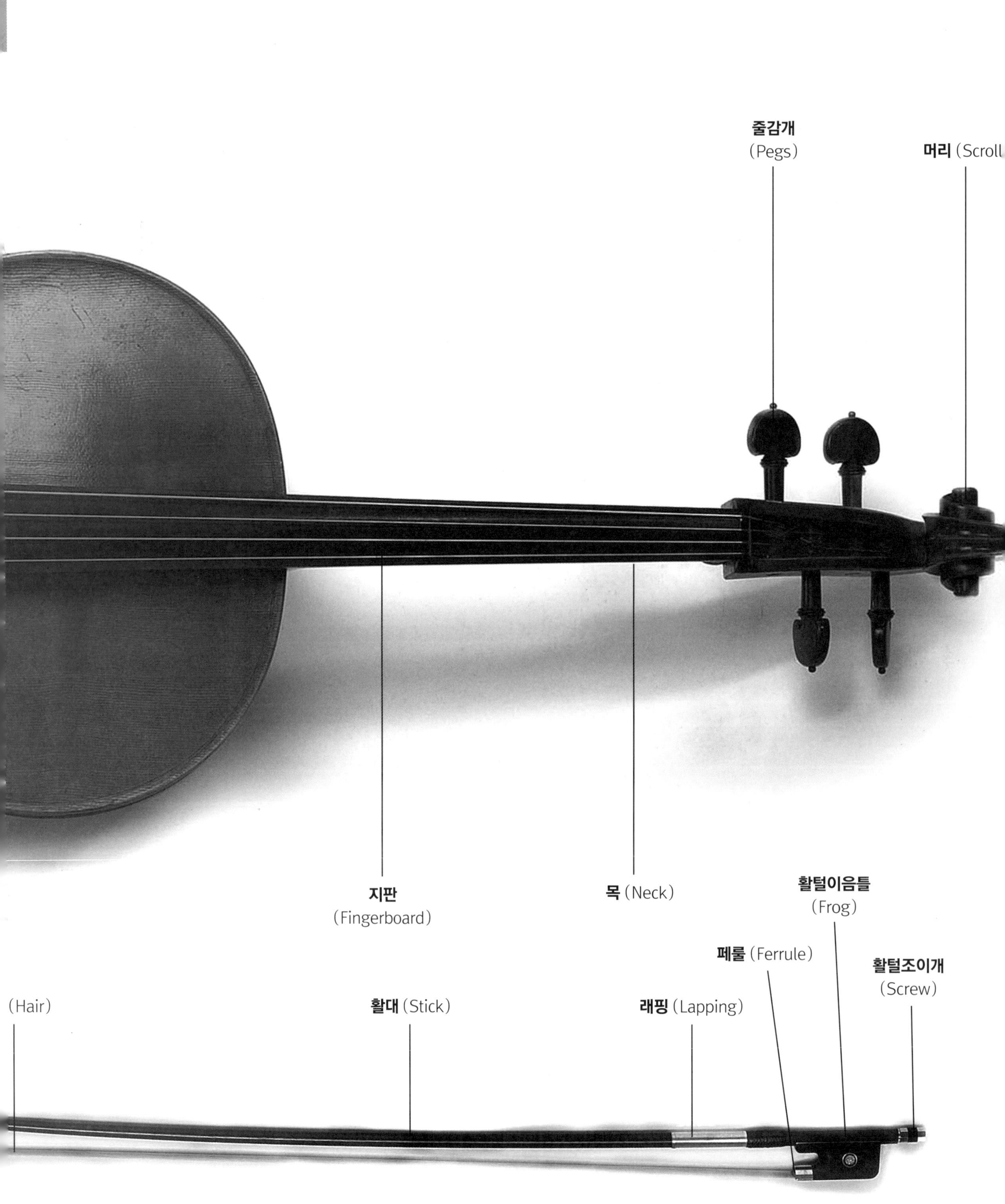
줄감개 (Pegs)
머리 (Scroll
지판 (Fingerboard)
목 (Neck)
활털이음틀 (Frog)
페룰 (Ferrule)
활털조이개 (Screw)
(Hair)
활대 (Stick)
래핑 (Lapping)